청소년들의 진로와 직업 탐색을 위한 잡프러포즈 시리즈 55

정원의 감동을
디자인하는
가드너

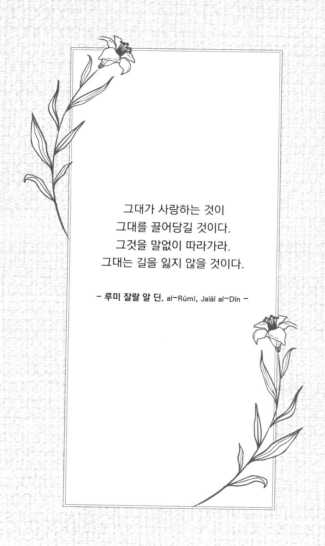

그대가 사랑하는 것이
그대를 끌어당길 것이다.
그것을 말없이 따라가라.
그대는 길을 잃지 않을 것이다.

- 루미 잘랄 알 딘, al-Rūmī, Jalāl al-Dīn **-**

자연이 하는 일에는
쓸데없는 것이 없다.

− 아리스토텔레스, Aristoteles B.C.384~B.C.322 −

C·O·N·T·E·N·T·S

C·O·N·T·E·N·T·S

청소년 여러분, 안녕하세요?

여러분은 손편지를 써본 경험이 얼마나 있을까요? 저는 어찌 보면 현재의 여러분보다 훨씬 감성 어린 학창 시절을 보낸 거 같아요. 물론 그때도 시험 성적은 매우 중요한 부분이었지만, 성적이 곧 모든 판단의 척도는 아니었던 것 같습니다. 적어도 미래의 나를 꿈꾸어 보고 상상 속 나를 그려보는 일은 가슴 설레는 일이었으니까요.

매일 반복되는 학과 수업과 방과 후 수업 등으로 버거울 수도 있는 여러분에게 이런 질문을 던져 봅니다. "내가 가장 좋아하고 사랑으로 집중할 수 있는 일은 무엇일까?", "그 일을 하려면 나는 어떤 구체적인 미래를 설계해야 할까?" 여러분을 위한 수만 가지의 가능성들이 준비되어 있지만, 그 수만 가지의 가능성 중에 나에게 맞는 몇 가지를 선택해야만 합니다.

이렇게 쉽지 않은 상황을 견뎌내야 하는 여러분에게 가장 필요한 것은 내가 가장 좋아하고 사랑할 수 있는 '나만의 일'을 찾는 거예요. 그것은 진실로 나를 사랑하게 되는 방법이지요. 내가 나를 사랑하지 않는데 누가 나를 사랑해 줄까요? 내가 좋아하고 사랑할 수 있는 일을 하게 되면 그 일에 최선을 다하게 되고, 그만큼 성취감과 만족감도 커지겠죠. 따라서 더욱 노력하게 되고 결과적으론 큰 발전을 하게 됩니다.

저는 여러분에게 가드너라는 직업을 프러포즈하려고 합니다. 정원을 가꾸는 가드너는 매번 설레고 즐거운 직업이에요. 왜냐하면 정원은 매일 새로운 걸 창조하는 일이거든요. 물론 그만큼 많은 노력과 힘이 들지만 매번 새로운 정원을 가꾸는 일은 내가 살아있다는 걸 느끼게 해주죠. 기분이 울적한 날에도 일을 시작하면 모든 것들이 상쾌해지고, 대자연에 내가 융화되는 느낌이 들어요. 가드너는 일을 통해 마음에 여유를 만들고, 자기 자신을 치유하기도 해요. 저는 이런 저의 직업을 너무 사랑하고, 모든 것들에 항상 감사한 마음을 갖게 되었습니다.

자, 이제 여러분이 좋아해서 잘할 수 있는 일이 뭐가 있을까를 늘 머릿속에 담아두기로 해요. 그리고 시간을 내어 관심이 가는 분야에 대해 구체적인 실행을 위한 준비를 해보는 거예요. 물론 수많은 가능성 중에 선택을 하는 일은 결코 쉽지 않은 일이에요. 그 과정을 통해 그동안 몰랐던 나의 또 다른 모습도 발견할 수 있지요. 다가올 여러분의 멋진 미래를 위해 보석 같은 고민과 시행착오를 반드시 경험해 주길 진심으로 권합니다.

미래를 가꾸는 여러분을 상상해 봅니다. 저는 오늘도 아름다운 정원을 가꾸며 태양처럼 빛나는 여러분을 기다리겠습니다.

가드너 서혜란

첫인사

편 – 토크쇼 편집자

서 – 가드너 서혜란

🔳 서혜란 대표님, 안녕하세요? 잡프러포즈 시리즈의 저자가 되어주셔서 감사드립니다.

🔳 네. 반갑습니다. 청소년 여러분께 도움이 될 수 있도록 최선을 다하겠습니다.

🔳 소개를 부탁드립니다.

🔳 저는 정원 만드는 일을 하고 있는 가드너 서혜란입니다. 실내와 실외 정원을 포함한 모든 정원의 디자인과 시공을 담당하고 있어요. 클라이언트에게 의뢰가 들어오면 그 장소에 적합한 정원을 제안하고 협의하여 디자인을 정합니다. 정해진 디자인대로 시공을 하고, 정원이 완공된 이후에도 고객이 원하면 정원 관리를 맡아서 하고 있죠.

🔳 정원을 조성하고, 가꾸고, 관리하는 이 직업을 청소년들에게 왜 소개하고 싶다고 생각하셨나요?

🔳 가끔 반복되는 똑같은 일상을 벗어나 쉬고 싶을 때 여러분은 뭘 하나요? 저는 여행이 가장 먼저 떠오르는데요, 요즘 같은 시국엔 이루기 힘든 일이지요. 정원은 여행과 같은 의미라고 생각해요. 정원에서는 늘 변화가 일어나곤 하지요. 사계절 변화에 맞춰 새순

이 돌고 꽃봉오리와 꽃을 보여주고 낙엽이 지고 한겨울엔 모든 잎을 떨군 앙상한 가지들도 그대로 보여줍니다. 여행을 떠나와 새로운 환경에서 생각지 않은 경험을 하는 그 설렘의 감정을 사계절의 정원 안에서는 1년 내내 만나볼 수 있지요. 내가 하는 일이 사람들에게 이런 감정들을 느끼게 하는 일이라면 참으로 매력 있는 직업이라고 생각합니다.

편 하루하루가 경제적으로나 시간적으로 빠듯한 사람들은 정원이 멀게 느껴질 수도 있을 것 같아요.

서 네. 사진이나 잡지 등의 매체에서 보이는 정원의 대부분이 그렇다고 볼 수 있지요. 하지만 그 정원도 세밀하게 들여다보면 부분부분의 작은 정원들이 모여 조화를 이루며 크게 만들어졌을 뿐입니다. 우린 그중에 나에게 맞는 아주 작은 일부의 정원을 만들 수 있지요. 정원은 결코 먼 곳에 있지 않아요.

편 식물을 심고 가꾸는 가드너를 만난다고 하니, 낯선 세계의 이야기가 될 것 같아서 설렜습니다. 동화 『비밀의 화원』도 떠올랐고요.

서 『비밀의 화원』은 화원을 가꾸며 상처를 치유하고 변해가는 아이들의 모습을 자연스럽게 담아낸 작품이지요. 아이들의 모습은 어찌 보면 현대를 살아가는 모든 사람들이라고 할 수 있습니다. 저도 그중에 한 사람일 수 있고요. 우리 모두 마음속에 신비롭고 작은 비밀의 화원을 하나씩 가져보면 좋을 것 같네요.

편 출간 제안을 받고 어떠셨어요?

서 처음엔 못할 것 같았습니다. 그런데 젊은 친구들이 이 일을 하고 싶어 자문을 구하는 경우가 제법 있었어요. 그런 친구들에게 도움이 됐으면 하는 마음이 들었죠. 요즘 한창 대세인 식물 작업에 관심이 쏠리고 있으니까요. 현장에서 겪은 많은 체험과 당부하고 싶은 말들이 있지 않을까 생각하게 됐지요.

편 대표님은 가드너라는 직업인이 되어서 행복하신가요?

서 사실 직업인으로서의 가드너, 이렇게만 생각한다면 행복하지만은 않았을 것 같아요. 가드너로서 주어지는 작업을 열심히 하다 보니 내 직업이 가드너라고 불리게 된 것으로 저는 충분히 행복합니다.

편 행복한 직업인을 보면서 우리는 목표나 목적을 갖게 되는 것 같아요. 긴 시간의 인터뷰 잘 부탁드립니다.

서 내가 좋아하는 일을 마음을 다해 하다 보면 어느새 행복한 직업인이 돼가고 있음을 알게 되지요.

편 가드너 직업의 세계로 함께 들어가 볼게요. 이 직업을 통해 만나게 될 다양한 식물 이야기도 너무 기대됩니다. 귀를 쫑긋 세우고 새로운 세계의 문을 열어 보겠습니다. 시작하겠습니다.

헤라스가든의 제라늄

가든의 역사에 대해 알고 싶어요.

편 가든의 역사에 대해 알고 싶어요.

서 제가 가드닝 수업 첫 시간에 반드시 한번 훑고 지나가는 과정
인데요, 여기서는 간단히 정리해 보겠습니다.

○ 고대

원시인들이 정착 생활에 필요한 담장을 만들고 채소와 과수목을 재배하
기 시작한 것이 정원 역사의 시작이라 할 수 있다.

이집트 테배
고분벽화

- 이집트: 좌우 대칭형 공간 형태와 관계를 위한 수로, 그 주변에 정원수 등을 심었으며 그것은 기원전 15세기경 테배Thebes의 벽화에서 찾아볼 수 있다.
- 그리스: 정치, 철학, 문학의 발달에 치중하면서 별다른 정원 형태를 찾아볼 수 없다.
- 로마: 중정 형태의 아트리움Atrium 주택 구조에서 나타나고 이후 원예 정원의 모습으로 발전했다.

○ 중세

종교가 사회 전반에 지대한 영향을 주었던 시기로 정원 또한 기독교 생활의 중심지인 수도원에서 계승되었다.

- 이탈리아: 정원 개발의 전성기였으며 부호 상인들의 부의 상징이 되기도 했다. 지형의 특성을 살려 높이가 다른 여러 개의 노단식 정원(테라스식 정원)을 조화롭게 조성하여 전망을 중시했다.
- 프랑스: 절대왕권을 상징하는 장엄한 규모의 정원으로, 대칭과 패턴을 중요시하여 기하학적 배치를 우선으로 한 바로크식 정원으로 발전했다.
- 영국: 계몽주의, 낭만주의의 영향을 받은 풍경식 정원이라 불리는 양식이 나타났다. 자연 그대로의 풍경을 그대로 살리려 한 것이 특징이다.

○ 근대와 현대

18세기 산업혁명은 근대사회를 형성해 갔으나 19세기에 들어서자 유럽의 사회 정세는 특권 계급의 대정원 소유를 점차로 허가하지 않게 되었다. 그로 말미암아 공공적인 정원인 공원이 만들어지게 되었다. 뉴욕 센트럴파크가 대표적인 예라 할 수 있다. 현대 정원은 고유한 가운데서도 국제적인 성격을 띠고 있다. 유럽적인 곡선과 직선에 의한 구성의 소노마Sonoma 정원, 곡선과 동양 정원식 석조를 안배한 하리만 정원 등에서 찾아볼 수 있다.

가든의 종류가 궁금해요.

📷 가든의 종류가 궁금해요.

📷 굉장히 광범위한 질문이네요, 가든의 종류는 형태나 용도, 수목의 종류 등 분류 기준이 매우 다양합니다.

⭕ 수목의 형태에 따른 분류

상록수 정원, 활엽수 정원, 숙근초 정원, 암석 정원, 트로피컬 정원, 이끼 정원, 그라스 정원

⭕ 정원의 용도에 따른 분류

허브 정원, 텃밭 정원, 어반 정원, 로맨틱 정원, 키즈 정원

⭕ 정원의 스타일에 따른 분류

- 코티지 정원Cottare Garden: 영국 시골풍 느낌의 꽃이 풍성한 형태의 정원
- 정형식 정원Formal Garden: 양탄자에 수를 놓은 듯한 디자인 기법Knot으로 대칭 구조의 형태를 갖춘 정원
- 모던 정원Modern, Contemporary Garden: 정형식 정원에 좀 더 현대적인 요소를 추가한 형태로 요즘 도시정원에서 많이 볼 수 있는 정원

상록수를 식재한 Potgarden 카페 입구

가든 시장의 규모는 어느 정도 될까요?

편. 가든 시장의 규모는 어느 정도 될까요?

서. 글쎄요. 전체적인 시장 규모는 점점 늘어나고 있어요. 정원 인프라는 2025년까지 약 2,000곳을 늘리고 산업 시장 규모를 현재 1조 2,500억 원에서 2조 원대로 확대하며, 정원 문화 참여자는 현재의 두 배인 연 400만 명 수준으로 늘릴 계획이라는 기사를 본 적이 있어요.

> 정원진흥기본계획은 정원 문화 활성화와 정원 산업 육성을 위해 2016년 처음 실시됐으며, 5년마다 수립, 시행되는 것으로, 이번 '제2차 정원진흥기본계획'은 올해부터 2025년까지 추진된다. 이를 위해 2021년부터 2025년까지 1조 995억 원이 투자(국비, 지방비, 기타) 될 전망이다. 우선 삶의 질 향상과 일상생활 속 정원 문화 향유를 위해 현재 421곳인 정원 인프라를 약 2,400곳으로 확충한다.
>
>   - 산림청, 제2차 정원진흥기본계획 발표 (2021.3.17)

가드너는 어떤 일을 하나요?

편 가드너Gardener는 어떤 일을 하나요?

서 가드너는 Guard+~er, 'Guard'는 '지키다'라는 뜻으로 '정원을 지키고 유지 보수하는 사람'을 일컫는 단어예요. 정원 의뢰가 들어오면 현장의 환경 조건을 정확하게 파악하고 구성 공간의 용도, 지형, 동선 등을 고려하여 공간에 가장 적합한 가든을 디자인합니다. 그리고 디자인에 적합한 식물을 구성, 배치하여 디자인대로 시공하는 일을 하죠. 정원을 만들고 난 후에는 식물의 유지관리 방법을 알려주는 일로 마무리 짓게 됩니다. 요즘은 Garden Structure, 즉 파고라나 오벨리스크, 데크, 온실 같은 구조물이 설치되어야 하는 경우도 빈번해요. 여러 종류의 상업 공간, 즉 사무실, 카페, 레스토랑, 매장 등 각각의 공간 특색을 살려 디자인하고 시공을 해야 하지요. 개인주택 공간도 주방 옆 허브, 채소 정원이라든가 요즘 대세인 오픈 테라스 등 각각의 특성에 따른 다양한 콘셉트에 대한 디자인도 계속 공부해야 합니다. 규모가 더 커지면 직원이 설계 도면을 캐드로 받아서 3D까지 얹어요. 그렇게 규모에 따라 고객들이 보기 편하게 제안해 드리고 있어요. 그 이후에 의견을 교환해서 합의점을 찾고, 결정이 되면 디자인에 맞춰 나무나 자재, 구조물 등을 구하고 시행, 시공합니다.

편 거의 건축과 비슷하네요.

서 네. 정원을 조성하는 일은 건축학적 의미가 많이 포함되어 있다고 봅니다. 과정은 거의 같아요. 건축시공과 동시에 한 장소에서 시공할 때도 많은데, 서로 상호보완적인 관계가 잘 이루어져야 하지요.

가드너 직업의 매력은 뭔가요?

📧 가드너 직업의 매력은 뭔가요?

📧 제가 생각하는 가드너로서의 매력은 매번 작업을 할 때마다 느끼게 되는 새로운 기대와 긴장감에서 오는 '설렘'이라 생각합니다. 건축도 마찬가지겠지만 상황과 환경에 따라서 매번 다른 일을 하기 때문이지요. 가슴 뛰는 설렘을 느낀다는 것만으로도 정말 매력적인 일이 아닐까요? 맞춤 디자인이 물론 힘들 때도 많지만 늘 긴장할 수 있고, 더구나 그 일이 내가 가장 좋아하는 일이라면 발전을 안 할 수가 없겠지요.

살아 있는 식물을 만지며 느낄 수 있는 신선함과 주어진 빈 여백을 나의 생각대로 메꿔나가는 일의 성취감은 해보지 않은 분들은 상상하지 못할 거예요. 상록 침엽수에서 뿜어 나오는 피톤치드 향과 봄, 여름 정원을 만들며 바람결에 불어오는 수많은 꽃 향내음은 이 일을 계속해 올 수 있었던 가장 큰 버팀목이고 위로였습니다. 오히려 나 자신이 식물에게 치료를 받으며 오늘을 만들어왔다 해도 과언이 아니죠.

가드너가 사용하는 장비나 시설,
프로그램은 어떤 건가요?

📧 가드너가 사용하는 장비나 시설, 프로그램은 어떤 것들이 있나요?

📧 프로그램에는 도면 작성을 하는 캐드가 있어요. 캐드 도면에는 구조물의 상세한 위치와 크기 등이 표시되죠. 현장 답사 후 제가 원하는 디자인을 스케치하고, 현장의 입체감을 살리기 위한 스케치업 작업에 들어가요. 현장의 크기와 규모에 따라 여러 날 프리랜서 친구와 함께 작업을 하죠. 완성된 스케치업 자료가 넘어오면 자료 화면과 내용 설명을 첨부한 PPT를 만들어 고객에게 전합니다. 그 이후로도 여러 번 고객과의 면담과 수정을 거쳐 결정하게 되지요.

　　장비로는 포클레인, 크레인, 사다리차, 지게차 등의 중장비들이 동원됩니다. 처음 시작할 때는 1톤 트럭에 식물과 장비를 가득 싣고 가서 삽 몇 개와 호미만 있으면 가능했었는데, 요즘은 규모가 커져서 대부분의 장비가 거의 매번 들어가지요. 이른 새벽이나 지는 노을을 배경으로 하늘로 치솟은 크레인에 둥둥 매달려 있는 큰 나무를 보는 일은 저에겐 실로 가슴 뛰는 일이랍니다.

Entrance

-벚나무

-다양한 높이의 구조물(arch)에
덩굴식물을 올리고 하단부는
계절별 숙근초와 그라스로 식재함

-진입로 주변
낮은 숙근초와 그라스를 식재하여
자연스런 곡선의 느낌을 살려봄

장미,크레마티스,인동,시계꽃,은사철등

스케치업 제안서

그리고 시설은 본인 작업장이 있는 게 좋아요. 넓은 작업실이라면 더욱 좋지요. 실내식물도 보관할 수 있고, 야외 정원용 나무들도 미리 구매해서 보관해 두면 좋거든요. 카페나 사무실 등의 관리를 맡게 되는 경우에도 보관할 수 있고요. 제 하우스도 봄에는 식재해야 할 나무들로 가득 차곤 합니다. 나무 시장이나 재배지를 다니면서 마음에 들거나 특이한 식물은 눈여겨봐 놓기도 하고, 구입해서 작업실에 두었다가 정원을 만들게 되면 가져가죠. 바로 나갈 수도 있고, 몇 해 키워서 가져갈 수도 있어서 그게 큰 장점이기도 해요. 그동안 나무는 멋진 수형을 갖추게 되니까요. 이곳 면적은 실내 70평 포함, 총면적이 110평 정도 되는데 서울 근교에서 이 정도 규모의 작업장을 쓰는 게 쉽지는 않을 거예요. 요즘은 서울 외곽에 땅이 잘 없거든요. 하우스들은 화원보다는 상추 같은 걸 많이 하고, 꽃이나 나무를 하더라도 재배, 판매를 주로 하고 있어서 공실을 구하기가 점점 어려워요. 전 운이 좋았죠. 따로 작업실이 없는 분들은 사무실에서 업무를 보고 필요할 때마다 식물을 구입할 수밖에 없어요.

편 그런 경우엔 클라이언트들이 나무를 직접 보지는 못하겠네요.

서 네. 저희처럼 직접 볼 수 있는 데는 많지 않을 거예요. 그래서 저는 제가 키우던 나무가 나갈 때 제일 흐뭇해요. 금방 구입한 나무보다 제가 오랫동안 키우던 나무가 나가면, 고객들도 다른 데서는 살 수 없는 나무라는 걸 알거든요. 그런데 이런 공간이 없으면 하고 싶어도 못하죠. 그리고 있더라도 거주지와 멀리 떨어져 있으면 힘들어요. 서울에서 일하는데 멀리 떨어진 지방에 작업실이 있다면 관리와 운반 비용도 만만치 않거든요.

편 사 온 식물들은 작업장에 심어 놓는 건가요?

서 그렇죠. 작은 분에서도 추운 겨울을 견뎌내는 식물들이 대견하고 고맙지요. 하물며 그새 자리를 잡고 자라주기까지 하니 말이죠. 흙과 햇빛, 시간, 거기에 주인의 마음까지 더하면 식물은 가장 행복한가 봐요. 이렇게 흙에 뿌리를 내리고 살아야 하는 나무를 화분에 옮겨 심어 놓으니, 화분 식물을 오랫동안 잘 키우는 일이 결코 쉽지만은 않겠지요.

가드너의 일과가 궁금해요.

편 가드너의 일과가 궁금해요.

서 일과는 특별히 정해져 있진 않아요. 매일 출퇴근을 하는 일은 아니니까요. 겨울을 제외하고는 거의 외부 작업이 많아 불규칙적인 생활을 한다고 할 수 있지요. 작업실 나오는 날의 일과는 대충 이렇게 됩니다.

07:00~08:00	기상, 하루 일과 체크
10:00	간단한 조식, 출근
11:00~13:00	작업실 도착, 식물 상태 점검
13:00~15:00	식물시장 둘러보기
15:00~17:00	다음 작업 준비 점검
17:00~19:00	실내외 물 주고 퇴근

귀가 후에도 수시로 책과 정원 실례가 담긴 유튜브나 구글, 인스타그램, 핀터레스트 등을 검색하고, 마음에 드는 디자인을 저장해 두지요.

가든을 조성하는 과정이 궁금해요.

편 가든을 조성하는 방법과 과정이 궁금해요.

서 이 부분은 많은 경우의 수가 발생합니다. 그리고 정해진 특별한 규칙이 있는 것도 아니니 제가 진행해온 가장 평범한 진행과정을 말씀드릴게요.

- 현장 미팅 1
- 현장 답사 (실측, 동선, 주변 환경 점검)
- 제안서와 견적서 제출
- 현장 미팅 2 (현장 상태와 시공에 대한 상세 설명)
- 수정에 따른 제안서, 견적서 제출 (필요에 따라)
- 계약 체결
- 식물, 자재, 인원 점검
- 시공
  - 식물 및 자재 확인 점검
  - 작업 진행 순서 전달
  - 식물 식재 위치 확인

- 식물 식재 장소 땅고르기

- 식물 식재

- 식물 식재 상태 확인 및 정리

- 마감 정리 (관수, 주변 정리)

◉ 완공, 유지관리 매뉴얼 전달

◉ 유지관리 상태 점검 (대략 한 달 후)

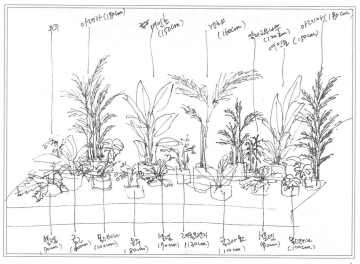

베란다 가든 스케치 도안

하자 보수는 어떻게 진행되나요?

편 하자 보수는 어떻게 진행되나요?

서 조경 시공 계약을 할 때 하자 보수를 원하면 기재를 하게 됩니다. 기간은 정해져 있는 조건은 없지만 대개 정원 크기에 따라 6개월, 1년, 2년 정도로 정해지죠. 그러므로 견적서를 작성할 때 하자 보수 부분을 반드시 기억해야 해요. 공산품이 아닌 식물은 하자의 책임 여부가 애매할 수 있으므로 서로 합의한 부분에 대해 상세하게 기록해 놓아야 합니다. 하자 보수를 줄이기 위해서는 현장 환경을 정확하게 파악하여 시공하는 것이 가장 중요하겠지요. 일단 하자가 발생했다면 최대한 빠른 대응이 가장 좋은 방법입니다. 성실한 하자 보수는 관리 요청 영역으로 넘어갈 수도 있으니까요. 하자 보수 기간 동안 식물의 다양한 변화 과정을 보면서 미처 몰랐던 식물에 대한 새로운 정보를 얻게 되는 수도 있고요. 특히 내가 만든 정원이 멋지게 자리 잡아가는 모습을 볼 수 있어 좋은 점도 있답니다.

제일 기억에 남는 정원이 있나요?

🔲 작업하셨던 정원 중에 제일 기억에 남는 정원이 있나요?

🔳 아무래도 저를 믿고 맡겨주셨던 첫 정원이 가장 기억에 남아요. 정원 일을 막 시작하려고 마음의 준비를 하고 있을 때였어요. 그분도 제 실력보다는 저를 믿고 맡겨주신 거 같아요. 서로 잘 아는 사이니까 가능했겠죠. 지금부터 8, 9년 전인데 1,500만 원의 견적가가 나왔어요. 그분은 1,000만 원 정도로 예산을 생각하고 있었는데 견적가와 많은 차이가 났지요. 당시에도 꽤 큰 금액이었어요. 한 번 믿고 맡겨보겠다며 잘 만들어달라고 하셨어요. 그날 얼마나 기분이 좋았는지 몰라요. 그래서 정말 혼신의 힘을 다했고, 결과도 만족해하셨죠.

이후에도 매해 봄마다 추가 비용을 받으면서 관리를 해드렸는데 관리를 하다 보니 제가 얼마나 식물에 욕심을 냈는지 알게 됐어요. 그때 제가 아는 식물을 종류별로 거의 다 심어 놨는데, 그게 잘 해드리는 거라고 생각했던 거예요. 그분도 그냥 꽃이 많으니까 좋아해 주셨던 거고요. 그래서 관리하러 갈 때마다 위치를 옮기고 솎아내면서 새로운 식물을 심기보다는 있는 식물을 옮기는 작업을

기억에 남는 정원 '판교 아펠바움'

많이 했어요. 무조건 많이 심는 게 좋은 게 아니라는 것과 제가 얼마나 욕심을 부렸는지를 깨달았죠. 한 3년 정도 관리해 드리면서 공부를 많이 했어요. 너무 감사해서 기억에 안 남을 수가 없네요.

최근에는 어떤 정원이 떠오르나요?

편 최근에 했던 정원 중에 가장 기억에 남는 곳은 어디인가요?

서 춘천 이디야 소양강점이에요. 시공 현장은 400평 넓은 공간에 지대가 네모반듯하고 평평했어요. 평평하고 넓은 공간은 잘못하면 정원이 아니라 재배지처럼 보일 수 있거든요. 일단 지형에서 오는 지루함을 대체시킬 방법을 오랜 시간 고민했죠. 단조로움을 피하기 위해 수직으로 높이가 있는 벽돌담에 동그랗게 구멍을 뚫어 수직담 두 개를 가든 중앙에 세워봤어요. 400평 가장자리에는 100여 그루가 넘는 자작나무를 식재하여 방문자들이 여유 있게 산책을 즐길 수 있도록 자작나무 길을 만들었고요. 방문자들이 사진을 찍을 수 있는 포토존을 생각하면서 열심히 구상했지요. 이때는 스케치업 프로그램을 사용하지 못할 때라 고민하다가 디자인을 수채화로 직접 다 그려서 제안서를 보냈어요. 그런데 뜻밖에도 저한테 가든을 맡기고 싶다고 하셨어요. 다른 업체들은 거의 다 3D로 작업해서 보냈는데, 손 스케치한 걸 보니 오히려 더 고민한 흔적과 정성이 보였다고 하더라고요. 제가 고민하고 노력한 걸 알아주셔서 많이 고마웠죠. 이 카페 양쪽으로는 함께 운영하는 닭갈비집이 있는데,

워낙 유명해서 손님들이 많이 오는 곳이었어요. 식사 후 산책을 즐기고 포토존에서 사진도 찍고 휴식과 여유를 즐겼으면 하는 의도였죠. 귀여운 꼬마들의 재잘거림과 가족들의 웃음소리, 포토존에서 사진을 찍는 가족들과 연인들, 어린 딸의 손을 잡고 자작나무 길을 거니는 아빠와 딸의 따스한 모습, 카페 문을 열면서 깜짝 놀라는 얼굴들은 제 기억에 오래도록 각인될 듯합니다.

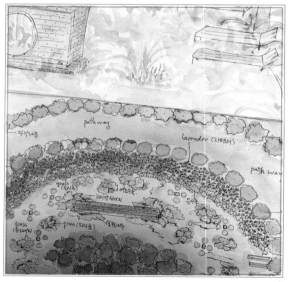

춘천 이디야 스케치 도안

편 공간이 넓어서 힘들었을 것 같아요.

서 그것보다 더 힘든 게 있어요. 계절마다 피는 꽃의 종류와 순서는 시기와 환경에 따라 모두 다르거든요. 시기적으로 딱 그때 피는 꽃만 심어서 정원을 만들면 당장은 보기 좋지만, 계절이 바뀌고 해가 바뀌면 꽃이 없는 정원이 되어버리죠. 저희가 작업할 때가 여름이 좀 지난 무렵이었어요. 이미 꽃은 다 떨어졌지만 내년을 위해서 봄꽃을 같이 심었어요. 수근초를 키워본 경험이 없는 분들은 이 부분을 이해 못 하시더라고요. 내년에 꽃이 반드시 핀다고 말씀드려도 꽃이 없는걸 왜 심느냐고 하면서 내내 못마땅해 하셨어요. 그리고 그라스를 여러 군데 많이 심었는데 그라스는 여름이 돼서 무르익어야 키가 크게 올라오는 식물이에요. 내년을 바라보고 심는 거니까 당시에는 땅바닥에 붙을 만큼 작았어요. 고객 입장에서는 도대체 뭘 심는 건가 싶으셨나 봐요. 공간이 넓으니까 2억 가까운 돈을 들인 것에 비해 심어진 식물들이 너무 초라해 보였을 거예요. 아무리 여러 번 설명해 드려도 끝까지 믿음이 안 가는 눈치였어요. 이해도 되지만 화도 나고 속상했지요. 식물의 생태 변화를 잘 몰라서 그러시는 거겠지, 내년이 되면 달라지겠지 생각하면서 그 시간을 보냈어요. 하물며 준공이 늦게 떨어져서 9월 오픈이 이듬해 4월로 미뤄졌었죠. 그럼 준공 전에 심으면 되는데, 저희의 관리 기간만 길

춘천 이디야 소양강점에 조성한 정원, 숙근초(위)와 상록수(아래)

춘천 이디야 소양강점에 조성한 정원, 여름 그리고 가을

어진 거예요. 어쨌든 오픈이 4월이니까 연초에 내려갔어요. 시기적으로 심어놨던 꽃도 아직 필 때가 안 됐고, 그라스도 땅바닥에서 아주 작게 올라오기 시작할 때였어요. 제 눈에는 그것들이 다 보이지만 정작 그분들의 눈에는 아무것도 안 보이는 거죠. 갑자기 자작나무 밑으로 영산홍을 둘러서 심겠다고 하셨어요. 제가 오픈 날짜 맞춰서 해드린다고 약속을 드렸으니 믿고 기다려달라고 사정사정해서 다행히 영산홍은 안 심었는데, 참으로 당혹스러운 시간들이었죠. 그래도 다행인 건 겨울 한 해를 넘긴 식물들은 바로 그 해에 심은 나무나 꽃에 비해 훨씬 풍성한 나무로 성장하거든요. 오픈이 늦어지는 바람에 시간을 벌은 거죠. 시기적으로도 봄이 됐고, 저희 작업도 마무리 되어가고, 시간이 흐르면서 불과 며칠 사이에 가든이 바뀌는 게 눈에 보이기 시작했어요. 그제야 고객의 마음이 풀려서 이렇게 변할 줄 몰랐다고 하시면서 커피도 타주시고 점심도 챙겨주시더라고요. 결과적으로 다행이다 싶었고 무척 감사했죠.

편 드라마 같은 이야기네요. 정말 뿌듯하셨겠어요.

서 오픈하는 날짜에 맞춰서 끝내준 건 조경 파트밖에 없다며 고맙다고 하셨죠. 그동안 못 믿고 서운하게 한 거 너무 미안하다고 말씀해 주셨어요. 오는 사람들도 가든이 너무 멋있어서 좋아하신다

이디야 소양강점,
자작나무길

고요. 작은 풀들이 이렇게 커질 줄 몰랐다고 하시면서요. 식물이 저
와의 약속을 지켜준 거죠. 우여곡절 끝에 훌륭하게 완성되어 사람
들에게 사랑받게 된 정원 '이디야 소양강점', 오래도록 기억에 남을
정원이에요.

편 대표님께서 가장 아름답다고 생각하시는 정원이 궁금합니다.

서 모든 가든에는 그 가든을 만든 가드너의 이야기가 담겨 있어요. 중세 수도자들의 허브 가든도 사람들을 치료하기 위한 가드너 수도자들의 이야기가 담겨있죠.

저는 영국의 '시싱허스트 캐슬 가든Sissinghurst Castle Garden'을 꼽는데, 이 정원은 비타 여사와 그의 남편인 해롤드가 함께 만들어 놓은 영국에서 손꼽히는 아름다운 정원 중에 하나예요. 남편 해롤드는 정원의 웅장한 모티브를 구성하였고, 부인 비타는 남편이 구성해 놓은 많은 모티브 안에 각각 다른 느낌의 정원을 들여놓고 있어요. 남편 해롤드의 웅장함과 부인 비타의 섬세함이 훌륭한 조화를 이루어 하나의 아름다운 정원으로 탄생된 거죠. 이렇듯 모든 정원은 디자인부터 식재 작업에 이르기까지 가드너의 진솔한 이야기가 담겨있답니다.

영국의 아름다운 정원 '시싱허스트 캐슬 가든'

시싱허스트 캐슬 가든의 아름다운 자연

사계절과 시간을 다루는 직업이네요.

편 이렇게 클라이언트가 이해 못하는 경우가 많이 있을 것 같아요.

서 네. 저만 겪는 일이 아니라 가든을 하는 분들은 다 이런 고충을 갖고 있어요. 제철 식물들을 그때 심으면 예쁜 게 당연하죠. 그렇게 만드는 건 누구나 할 수 있어요. 하지만 가드너라면 그걸 유지관리할 수 있게 만드는 게 가장 힘들고 중요한 일이죠. 가드너의 가장 큰 역할 중에 하나예요.

편 식물의 현재 상태만 보고 하는 일이 아니네요. 계절의 흐름, 즉 시간 변화에 따른 식물의 상태 변화를 미리 예측하여 디자인 시공해야 되는 일이네요.

서 그럼요. 가드너란 직업이 그래서 더 재미있어요. 계절이 변하면서 시기에 맞춰 올라오는 수많은 꽃들과 친해져야 하죠. 그들이 어떤 흙의 상태를 좋아하는지, 물은 얼마나 좋아하는지, 꽃의 색감, 식물의 형태와 질감은 어떤지, 겨울 동절기 전까지 얼마나 키가 크는지 등도 모두 파악하고 있어야 해요. 꽁꽁 언 땅이 녹기 시작하며 일어나는 이른 봄 땅속의 분주한 살림도 챙겨야 하고요.

편 만약에 그때 영산홍을 심었다면 딱 그때뿐인 거네요.

서 네. 한 달도 못 가요. 가을에 국화꽃을 심었어도 한 달도 못 갔을 거예요. 안타깝게도 말이죠. 그렇게 되면 그다음을 위해 제가 디자인 한 매뉴얼 말고 또 다른 것들이 추가되어야 하고 서로 혼란에 빠지게 되겠죠.

가드너에게 제일 중요한 건 뭘까요?

편 가드너에게 제일 중요한 건 뭘까요?

서 어찌 보면 가장 힘든 질문이네요. 우선 가드너로서 갖추어야 할 기본은 디자인과 시공 능력이겠지요. 현장 환경 요건과 고객의 요구를 모두 겸비한 최적의 조경 제안과 시공 능력을 말해요. 늘 새로운 아이디어 발상이 빨라야 하죠. 혹시 모르니 몇 가지 대안도 항상 준비되어 있어야 해요. 같은 식물로도 얼마든지 여러 형태의 현장이 나올 수 있거든요. 정원에 나무를 심는 건 하얀 스케치북에 그림을 그리는 것과 같은 거라 생각하고 일을 합니다. 지면을 막연히 채운다고 생각하면 결과물에 가드너의 감성이 묻어나기 힘들어요. 쉽지 않은 얘기지만 가드너의 감성이 녹아 있는 결과물을 만들기 위해서는 이 장소에 왜 이 나무를 심어야 하는지, 의미가 부여된 식재를 해야 하죠. 이런 것들은 많은 현장 경험이 없다면 힘든 과제일 거란 생각이 들어요. 말을 하다 보니 저도 다시 한번 생각을 정리하고 뒤돌아보게 되네요.

협업은 어떻게 하나요?

편 혹시 협업도 하시나요?

서 네. 요즘은 주로 Fowershop과 많이 하고 있어요. Flowershop 에서 감당하기 어려운 제안을 받으면 저에게 요청이 들어오곤 하는데요, 일을 하기에 앞서 일과 수익금의 분할에 대해 서로 정확한 계약을 확인한 후에 확실하게 일을 진행해야 해요. 나중에 불편해 지는 일이 없기 위해서죠.

편 협업하면서 실패한 적은 없으셨어요?

서 소개해 준 Flowershop이나 저나 매우 힘든 상황이 있었어요. 조경은 만족스럽게 완공되었는데 잔금을 미루고 미루더니 결국 못 받았어요. 잠시 시간을 끌어봤지만 마음을 비우기로 했지요. 물론 계약서도 작성했는데 여러 법적 절차가 버거워 접고 말았어요. 이 후부터는 계약금의 비중을 많이 조정했죠. 어찌 보면 큰 교훈을 얻 었으니 좋은 경험을 했다고 볼 수도 있어요. 엄청난 손실을 최대한 줄이는 방법이니까요.

편 꽃집 말고 다른 곳과도 협업하시나요?

서 인테리어 업체와도 많이 하고 있어요. 요즘 그린이 대세다 보니 인테리어가 끝나면 자연스럽게 가든을 많이 하거든요. 특히 오픈 테라스가 많이 늘어나면서 그만큼 기회도 많아졌어요.

편 건축 설계나 건축 디자인을 하는 회사와도 협업을 하시나요?

서 비슷한 얘기지만 건축설계회사와도 하죠. 가장 흔한 연결고리는 건축물 준공을 위한 준공수 식재예요. 하지만 대부분의 회사들은 이미 콘셉트에 맞는 조경회사들과 연결되어 있는 경우가 많아요. 사실 유대관계가 좋아야 일의 진행에 도움이 되는 건 확실하거든요. 유사한 업종에 종사하는 사람들과의 유대관계는 사업에 큰 영향을 미치지요.

준공수의 기준이 있나요?

편 준공수의 기준이 있나요?

서 준공수는 건물 준공을 받기 위해 관할 관공서에서 정해주는 반드시 심어야 하는 나무예요. 그런데 정해준 나무들이 주인 마음에 들지 않거나 정원 조경 콘셉트와 맞지 않을 때 문제가 되죠. 대개는 일단 심고 준공을 받은 후에 필요치 않다 싶으면 폐기해 버리는 경우도 많아요. 대체해서 심을 수 있도록 하는 방법이 있으면 좋겠어요. 개인적으로 참 안타깝고 속상한 부분이에요.

편 마음에 안 드는 나무를 옮겨 심는 게 아니라 버리나요?

서 옮겨 심을 곳이라도 있으면 다행인데, 옮겨 심는 일도 만만치 않아요. 여러 비용을 생각하면 나무를 새로 구입해서 심는 것이 더 나을 수도 있거든요. 이건 준공수뿐만 아니라 오래된 집을 허물 때도 마찬가지예요. 오래되고 좋은 나무들이 있어도 전기톱으로 베어버리는 경우가 허다해요. 너무 안타깝죠. 제 작업실 입구 도로변의 벚나무도 도로 확장으로 인해 하루아침에 사라져버렸어요. 봄가을 울창한 꽃과 단풍이 한순간에 사라진 셈이죠. 작업실 바로 옆

하천에도 큰 자두나무가 있었어요. 꽃이 피면 향이 너무 좋아서 길 가던 사람들이 멈춰 설 정도였는데, 어느 날 하천 정비 공사를 하면서 그 나무도 베어버렸어요. 이렇게 오래된 나무를 베어내면 그동안의 수많은 시간들도 함께 묻혀 복원될 수 없다는 것이 가장 안타깝죠. 물론 행정상의 어려운 문제도 많겠지요. 요즘은 옮겨 심는 장소가 생겼다는 얘기를 들은 것 같은데, 그런 장소를 많이 알려서 버려지는 큰 나무들이 없었으면 좋겠습니다.

가드너로서 특별히 노력하는 게 있나요?

편 다양한 아이디어를 얻거나 감각을 기르기 위해서 가드너로서 특별히 노력하는 게 있나요?

서 전에는 외국 가드닝 서적을 많이 봤는데, 요즘은 많은 분들이 집필하거나 번역한 훌륭한 책들이 많아졌어요. 미처 다 보지 못할 정도로 여러 분야의 전문서적이 나오고 있죠. 그 밖에도 요즘 멋진 정원들이 많이 생기는 추세라 그곳을 보는 것만으로도 대단한 공부예요. 전시장을 돌며 미술 분야에 관심을 갖는 것도 색감을 익히는데 큰 도움이 되고요. 색감은 정원 구성에서 매우 큰 부분이거든요. 유럽 여행을 다녀온 후에 저는 전에는 생각지 못한 상록수의 웅장한 매력에 푹 빠지고 말았지요. 돌아와서 바로 정원 조경에 활용했어요. 성과도 물론 좋았고요. 새로운 경험은 그 이상의 새로운 가치를 만들어낸다고 생각해요.

편 상록수는 소나무를 말씀하시는 건가요?

서 사시사철 녹색 잎을 지니고 있는 나무를 상록수라고 하지요. 소나무같이 잎이 떨어지지 않는 나무도 있지만, 상록수라도 메타

세쿼이아같이 잎이 떨어지는 상록활엽수도 있어요.

편 수입한 외국 나무들이 우리나라에서 잘 자라나요?

서 네. 대부분 잘 자라는 편이에요. 우리나라 중부 이남 지역은 따뜻해서 더 잘 자라고요. 식물이 자라기 힘들다면 중부 이북 지역의 동절기일 거예요. 따뜻한 나라에서 수입된 나무들은 중부 이북 지역의 동절기엔 방풍 방한에 특별히 신경을 써야 해요.

편 가드너로서 제일 많이 고민하는 건 뭐예요?

서 가장 많이 고민하는 건 역시 시공을 한 후 정원의 유지관리에 관한 거예요. 어찌 보면 만드는 일보다 훨씬 중요하고 힘든 일이라고 생각해요. 멋진 정원을 보면서 흡족해하는 모습을 보면 너무 좋지만 바로 걱정되기 시작하지요. 유지관리를 제대로 못해 망가져 버리면 어쩌나, 정원에 흥미를 잃게 되는 건 아닐까 등의 걱정이 밀려오곤 하죠. 늘 누구나 잘할 수 있는 유지관리에 신경을 쓰다 보니 되도록이면 손이 많이 안 가는 식물들로만 정원을 구성하려는 경향이 늘어나고 있어요.

복합문화공간 실내 정원

편 관리만 잘하면 오래갈 수 있나요?

서 그럼요. 유지관리만 잘하면 식물은 쑥쑥 자랄 테니까요. 너무 많이 자란 식물들은 떼어서 다른 곳으로 옮겨 심기도 하고, 이웃들과 서로 나눠 심기도 하면서 정원 면적을 넓혀갈 수도 있어요. 관리를 잘하는 것은 새로운 나무를 심는 이상의 재미를 경험하게 된답니다. 심을 때는 분명히 작았는데 훨씬 크게 자라기도 하고, 잘 클 것 같아서 심었는데 안 되기도 해요. 그러면 위치를 좀 바꿔서 심어도 보고, 꽃이나 잎의 색상도 서로 맞게 옮겨 보고, 너무 자라면 좀 잘라주기도 하고, 식물을 위한 비료도 만들어보고, 등등의 모든 활동들이 바로 가드닝인 거지요.

가드너의 직업병이 있을까요?

편 가드너의 직업병이 있을까요?

서 어느 직업이든 오랜 시간이 지나다 보면 직업병을 피해 가긴 힘들 거예요. 가드너도 마찬가지죠. 가장 많이 쓰는 허리, 무릎, 손가락 등에 무리가 오기 때문에 적당한 운동으로 근력을 키우는 게 필요해요. 게을리하면 안 되는 일이죠. 어느 나라는 가드너를 채용할 때 20Kg를 들 수 있는지 시켜본다는 말도 들었어요. 왜냐하면 흙이나 소재들이 20~40Kg 정도로 다 무겁거든요. 그리고 무거운 자재를 옮길 때는 반드시 기구를 사용하는 습관을 들여야 해요. 보통 바퀴 세 개 달린 수레로 무거운 것들을 옮기는데, 생각보다 균형 맞춰서 끌고 가기가 힘들어요. 또 오랫동안 쪼그려 앉아서 식물을 심다 보면 무릎에 무리가 많이 와요. 반드시 무릎 패드를 받치고 작업해야 해요. 스스로 몸을 아끼고 관리하지 않으면 좋아하는 일이라도 오래 못할 수도 있어요.

가드너로서 제일 힘든 건 어떤 건가요?

편 가드너로서 제일 힘든 건 어떤 건가요?

서 사실 가드너로서 힘든 일은 거의 없어요. 제가 좋아서 하는 일이니까요. 저에게 가장 힘든 일은 예산을 맞추는 일이에요. 하고 싶은 건 많은데 예산에 맞춰야 하는 일이 가장 힘겹더라고요. 누구나 적은 예산으로 훌륭한 정원을 갖고 싶을 거예요. 물론 저도 그렇게 해드리고는 싶고요. 견적을 낼 때마다 이 부분을 많이 고민합니다. 제안서 콘셉트를 맞추는 것보다 더 힘들어요. 제 욕심에 예산에 맞지 않는 정원 작업도 해봤지만, 일을 계속해서 잘하려면 절대 그렇게 해서는 안 되더라고요. 이런 경우가 계속되면 일 자체에 대한 흥미마저 잃게 될 것 같았어요. 훌륭한 정원을 만들고 정당한 대가를 받는 것이 최선이란 걸 알았죠. 그리고 공사 기간이 길어지고 힘든 작업이 계속되다 보면 작업자들의 사기가 떨어질 수 있어요. 늘 즐거운 분위기에서 일할 수 있도록 세심하게 신경 써야 하는 것도 중요한 일이죠. 작업자들의 마음이 즐거워야 보는 사람도 즐거울 것이고, 그래야 아름다운 정원도 만들어질 수 있으니까요.

　굳이 힘든 순간을 떠올린다면, 현장 답사 후 디자인이 떠오르지 않을 때가 가장 힘들었던 것 같아요. 고객이 요구하는 조건이 까다롭거나 어울리지 않는 콘셉트를 요구하면 가장 난감하지요. 환경 조건이나 콘셉트가 잘 어우러지도록 함께 고민하고 대화를 하다 보면 잘 풀리는 경우가 대부분이지만, 상당히 조심스럽게 진행해야 하죠. 모든 일이 그렇겠지만 특히 이 일은 식물을 진심으로 사랑하는 사람들이 해야 돼요. 그렇지 않으면 오래도록 일을 하기가 힘들어요. 하다 보면 속상한 일도 생기고 위험한 상황도 생기고 원치 않는 상황들이 많이 생기는데, 그걸 극복할 수 있는 힘은 식물 가꾸는 일을 좋아하는 마음이에요. 저도 식물을 사랑하는 마음과 내가 좋아하는 일이 아니었다면 버텨내기 힘든 상황들이 많았어요. 고객들에게도 내가 진심으로 식물을 사랑하는 사람인지 아닌지가 모두 전달되거든요. 업체에 대한 신뢰도에도 크게 영향을 미치고요.

그리고 고객이 구입해 간 식물이 관리 소홀로 망가졌을 땐 정말 난감해요. 이 '관리 소홀'이란 게 참으로 애매하고 힘든 말인데요, 대개의 경우 "알려준 관리 방법대로 했는데 왜 이렇게 된 거죠?", "달력에 동그라미 쳐가면서 물 줬는데 왜 이 모양인 건가요?"라고 하면 정말 당혹스러워요. 식물의 물 주기는 상황에 따라 유동적이기 때문에 처음에 알려준 매뉴얼은 지극히 기본적인 거예요.

식물이 있는 장소나 환경에 맞게, 혹은 날씨나 온도 변화에 맞게 바꿔가며 관리해야 하거든요. 하루 세끼 밥만 먹인다고 아이가 잘 자라주는 것은 아니잖아요. 수시로 들여다보고 상태를 관찰해야 하죠. 그래야 나빠진 상태도 빨리 알 수 있어요. 즉시 관리 방법을 수정하거나 비료나 약을 주면 그만큼 식물이 회복할 수 있는 시간도 빠르거든요. 시간이 너무 지나 연락을 주면 그땐 어쩔 도리가 없어요. 살릴 수 있는 나무를 안타깝게 놓쳐버리게 되죠. 작업실에서 나무가 나갈 때마다 "매일 한 번씩만 쳐다봐주세요.", "나무가 이상하면 바로 연락 주세요.", "1, 2주 지켜보다가 물 주기는 유동적으로 바꿔가면서 키워야 해요." 이렇게 꼭 당부해요. 나무가 아프면 서로의 마음도 많이 상할 수 있으니까요. 함께 노력해야 하는 일이죠.

가드너는 언제 제일 큰 보람을 느끼나요?

편. 가드너는 언제 제일 큰 보람을 느끼나요?

서. 정원을 만들어드리고 난 후에 그 정원에서 가족들과 지인들을 초대해서 즐거운 식사를 했다거나, 아침에 정원에 나갔는데 너무 행복했다며 고맙다는 연락을 주시는 분들이 많아요. 사진도 보내주시고요. 그럴 때 가장 보람을 느끼죠. 한 번은 그런 일도 있었어요. 마당에 정원을 만들고 나서 막내 돌잔치를 한 집이었어요. 그 막내가 정원 작업하는 날이면 엄마랑 정원에 많이 나와 있었어요. 정원 만드는 걸 계속 봐서 그런지 '나무'라는 말을 알아들었나 봐요. 아침에 일어나면 '나무'라고 하면서 정원에 나가자고 마당 쪽 문을 손가락으로 계속 가리킨대요. 빨간 열매가 달린 참빗살나무를 심었는데, 그게 예뻤는지 정원에 나오면 나무를 꼭 만져보고 들어간다는군요. 그리고 마당에 별생각 없이 상록수 세 그루를 심었는데, 알고 보니 아이들이 삼 형제더라고요. 하루는 둘째 아이가 제일 큰 나무는 형이고, 중간은 자기고, 젤 작은 나무는 여동생이라며 이 세 그루 나무를 '삼 형제 나무'라고 이름 붙였대요. 정원이 있어서 가족들이 행복하다는 말을 들을 때 가장 보람을 느끼지요.

작은 가든보다는 큰 가든의 수익이 좋나요?

편 작은 가든보다는 큰 가든의 수익이 좋나요?

서 처음에 시작할 때는 작은 일부터 하는 게 연습도 되고 좋은 것 같아요. 저는 운이 좋게도 작은 베란다부터 시작해서 아주 작은 것부터 단계적으로 들어와 너무 좋았죠. 수익성은 크기보다는 내용 구성에 따라 달라지는 것이니 어느 것이 꼭 좋다 나쁘다고는 할 수 없어요. 저는 개인적으로 평당 얼마라는 견적은 내지 않아요. 비용은 식물의 종류에 따라 달라지는 거지 정원의 규모에 따라 수익이 달라진다고 생각하지 않거든요. 작은 정원이라도 구성과 내용에 따라 큰 정원보다 비용이 많이 들 수도 있어요. 그리고 큰 정원이라고 해도 거기에 투입되는 식물의 종류에 따라 비용이 많이 낮아지기도 하고요. 예를 들어 어떤 정원에 나무 한 그루와 이끼만 조성한다고 해도 그 나무의 가격에 따라 정원 비용이 크게 달라지거든요.

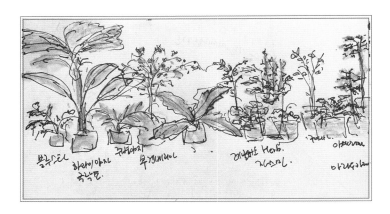

베란다 정원

이 직업과 시장의 전망이 궁금합니다.

편 앞으로 가든은 어떻게 변해갈까요? 이 직업과 시장의 전망이
궁금합니다.

서 요즘 그린 식물들을 워낙 많이 좋아해 주니까 'Love Green' 현
상은 지속가능성이 높다고 생각해요. 더구나 코로나로 인한 외부 생
활의 단절도 미니 정원의 유행을 가져왔죠. 이 분야에 관심이 있고
직업을 갖고자 하는 사람이라면 우선 전공 공부는 기본이에요. 이론
학습이 기본이 된 다음 경험을 쌓아가는 것이 순서죠. 다방면에 걸
친 자격증도 많으니 준비해 두면 요긴하게 쓰일 거예요. 식물 수요
자가 많아지는 만큼 식물 관리에 관한 수요도 늘어날 전망입니다.

시장 규모도 이미 달라지고 있어요. 일단 피부로 느껴지는 대
형 식물 카페를 봐도 알 수 있어요. 카페, 레스토랑 말고도 일반 가
정이나 건축물, 어느 장소를 막론하고 식물을 들여놓고 있는 추세
예요. 미세먼지 가득한 하늘을 볼 때마다 생각해요. '가든 디자이너
의 미래는 밝겠구나.'라고 말이죠. 사람들은 점점 더 나만의 정원을
갖고 싶어 하고, 아름다운 정원을 찾아다니는 정원 투어 프로그램
도 많아질 것 같아요.

가든과 가드너의 이야기를 담은
작품을 소개해 주세요.

편 가든과 가드너의 이야기를 담은 작품을 소개해 주세요.

서 네 편의 영화를 소개해 드릴게요.

01_ 영화 〈비밀의 화원〉

소설을 영화화한 작품으로 책을 읽으면서도 아름다운 정원의 모습이 눈앞에 펼쳐지는 듯한 느낌을 받았습니다. 부모의 사랑을 모르던 한 소녀가 버려진 삭막한 정원을 아름답게 변화시켜 가면서 마법 같은 마음의 치유가 이루어지기 시작하죠. 영화 내내 아름답게 변해가는 정원의 모습은 보는 이들에게도 마음의 큰 위로를 줍니다.

02_ 영화 〈타샤 튜더〉

영화 내내 〈타샤 튜더〉의 정원을 함께 걷는 느낌이었습니다. 계절별로 곳곳에서 피어오르는 각양각색의 꽃을 즐길 수 있으며, 특히 나이가 들면서도 사라지지 않는 타샤 튜더의 열정에 감탄하여 잠시도 지루할 틈이 없었습니다.

03_ 영화 〈모리의 정원〉

30년간 한 정원에서 머문 실존 화가의 삶을 그려낸 작품입니다. 노년의 화가와 그의 아내가 그려내는 단조로우면서도 평온한 느낌의 대화가 좋았고, 특히 조용한 새소리, 바람 소리가 밝은 햇살과 어우러져 보는 동안 마음이 정화되는 느낌이었습니다.

04_ 영화 〈베르네 부인의 장미 정원〉

가장 최근에 봤던 정원 영화로 장미 품종 개발을 하는 베르네 부인의 넓고 아름다운 프랑스 장미 정원을 내내 감상할 수 있습니다. 도산 위기에 처한 회사를 구해내는 주제인데, 그 안에서 피어나는 사람들의 아름다운 에피소드가 씨앗의 종묘와 파종, 발아의 과정 속에 얽혀 깊고 묵직한 여운을 남겨줍니다.

가드녀가 되는 방법

가드너가 되려면 청소년 때
어떤 노력을 해야 하나요?

편 가드너가 되려면 청소년 때 어떤 노력을 해야 하나요?

서 일단 가드너가 되기로 마음을 먹었다면, 제일 먼저 식물과 친밀하게 지내보는 것이 가장 중요해요. 그들과 함께 시간을 보내면서 성장 과정을 지켜보는 것도 중요하지만, 고사되는 현상도 면밀히 관찰할 필요가 있어요. 그 과정을 지켜보면서 점점 흥미를 갖게 되죠. 식물에 대한 설렘과 기대감을 갖는 게 중요해요. 그리고 이 직업에 관심이 있다면 정원이나 색상에 대한 책을 사서 보는 것도 중요해요. 사계절에 대한 책, 식재 방법, 입문서, 이론서, 현장 사진이 담긴 책을 보면 좋아요. 그리고 책 속에 나온 큰 정원들을 찾아가서 책과 비교해 보는 것도 좋아요. 확인 작업을 하는 거죠. 또한 계절마다 수목원을 찾아가서 식물들을 관찰해서 기록해 보면 좋겠어요.

편 혹시 가드너 직업에 더 적합한 성격이 있나요?

서 아니에요. 내성적인 친구들의 경우에는 집중력이 높기 때문에 가드너로서 정원을 잘 조성할 수 있어요. 절대로 불리하지 않아요. 협업이 많이 필요한 외부의 큰 공사는 직원들을 고용해서 작업하면 되고요. 외향적인 친구들은 영업이나 고객 관리 등에 유리하다고 할 수 있죠. 성격에 상관없이 가드너가 되어 자신의 모든 장점을 잘 살릴 수 있어요. 이 직업은 철저하게 정원으로 평가받는 일이거든요.

카페 내 실내 정원

Job
Propose 55

조경학과를 나와야 가드너가 될 수 있나요?

편 조경학과를 나와야 가드너가 될 수 있나요?

서 반드시 그렇지만은 않아요. 그래도 일단 이론 학습은 반드시 필요하기 때문에 조경학과를 졸업한다면 당연히 도움이 되겠죠. 사실 아무것도 몰라도 가드너가 될 수 있어요. 가드너 직업에는 자격 제도가 없거든요. 그래도 공부를 해야죠. 공부를 해냈다는 게 자신감이 되거든요. 하지만 조경학과를 나오지 않아도 위축될 필요가 없어요. 비전공자들의 정원은 정형화되지 않은 새로움을 갖고 있어요. 모험이 되기도 하고요. 최근에는 자기 전공이 아닌 분야에서 성공하는 사람이 워낙 많아요. 그건 바로 틀을 깨는 도전을 하기 때문이라고 생각해요.

조경을 전공한 사람과 아닌 사람의
장단점은 뭘까요?

편 조경으로 외국에 석박사 과정이 있나요?

서 네. 물론 국내외 다 있어요. 저의 경우 체계적으로 배운 분들에게 가장 부러운 것은 고객의 이해를 돕기 위한 제안서에 관계된 여러 사항들이에요. 고객의 손에 가장 먼저 전달되어 평가되는 가든 디자이너의 역량이니까요. 학부 과정을 이수하면 이 부분에서 우수할 수 있지요. 하지만 전공 이수를 하지 못한 저로서는 현장에서 성실하게 최선을 다하는 모습을 보여드리려고 항상 노력해요. 제안서 이상의 시공 현장을 보여드리면 더욱더 흡족해하고 신뢰를 쌓아가게 되는 듯합니다. 손으로 하는 스케치 제안을 위해서도 열심히 노력하고 있고요.

가드너가 되기 위한 자격증이나 시험이 있나요?

편 가드너가 되기 위한 자격증이나 시험이 있나요?

서 식물, 토목, 물, 조형물을 이용하여 생활공간을 꾸미고 자연을 보호하고자 도입된 국가공인자격증인 '조경기능사'가 있어요. 자격증이 없어도 가드너가 될 수 있지만, 자격증이 있으면 정말 좋죠. 특히 공기업이나 국가 관련 사업에 참여할 때는 반드시 면허증이 필요하거든요. 응시 자격 없이 누구나 지원 가능한 조경기능사 외에 조경산업기사, 조경기사, 조경기술사 등 실무 경력이 반드시 필요한 자격증도 있습니다.

○ 조경기능사

조경을 취급하는 국가기술자격으로 국토교통부에서 관리하고 한국산업인력공단에서 시험을 주관한다. 상위 자격으로 조경산업기사, 조경기사가 있다. 기능사이므로 제한 없이 응시할 수 있다. 특성화고등학교에서 의무검정을 시행하고 있는 자격 종목이기도 하다. 일부 특성화고등학교에서는 1학년 때부터 조경학을 전문적으로 배워온 학생은 3학년 때 조경기능사 필기시험을 패스하고 바로 실기시험을 볼 수 있다.

출처: 나무위키

이 일은 언제 어떻게 시작하셨어요?

편 이 일은 언제 어떻게 시작하셨어요?

서 저는 대학교를 졸업하자마자 바로 결혼해서 살림만 하던 전업주부였어요. 남들은 일을 하다가도 놓을 시기에 저는 그때 처음 일을 시작하게 되었죠. 주변에선 장사를 어떻게 하겠느냐면서 아마 6개월도 못 갈 거라는 말을 많이 들었어요. 일을 시작하기 전에 취미 삼아 동네 이웃들과 모여서 베란다에 거는 행잉 바스켓Hanging Basket을 만든 적이 있어요. 그래서 한때 저희 아파트의 베란다에 이끼로 된 행잉 바스켓 달린 집이 많았어요. 제 아이의 졸업식 꽃다발을 보고 졸업식이나 성당 행사 등에 꽃다발과 꽃바구니의 주문을 받기도 했고요. 그 당시 이미 꽃에 관심이 많아 꽃시장을 수없이 오가며 시간을 보냈고, 틈만 나면 꽃에 관한 외국 서적들도 눈여겨보곤 했었죠. 그래서였을까요? 뜻밖에도 꽃바구니와 꽃다발의 반응이 괜찮았어요. 한때는 냉장고 문 칸에 음식 대신 꽃이 가득 들어있기도 했죠. 꽃만 보면 욕망이 마구 솟구칠 때였어요.

그러다 보니 이 일을 직업으로 삼으라는 권유를 많이 받았어요. 어려서부터 멋진 커리어 우먼이 되고 싶은 막연한 바람이 슬그

머니 현실로 다가옴을 느꼈죠. 그러다가 가까이에 살던 친구 같은 이웃들과 함께 아파트 상가에 작은 꽃집으로 창업이란 걸 하고야 말았어요. 처음엔 주변 지인들의 도움을 많이 받았고, 그래서인지 제법 재미가 있었어요. 꽃집을 2월에 오픈하고 그해 5월 스승의 날이 되었어요. 그때만 해도 학생들이 선생님께 드릴 선물을 들고 갈 수 있었어요. 아이들이 선생님께 드릴 수 있는 작은 선물을 만들자는 아이디어를 냈어요. 한 손에 잡을 수 있는 작은 꽃다발에 꽃 색상과 어울리는 예쁜 리본을 앙증맞게 달았죠. 가격이 6천 원 정도였던 것 같은데, 엄청난 양의 주문을 받았어요. 당시에 꽃다발은 만 원 정도였는데 가격 대비 가성비가 좋았나 봐요. 특이한 색상의 카네이션과 자연스러운 그린 소재를 과하지 않게 포장한 게 반응이 좋았던 것 같아요. 그렇게 어버이날, 스승의 날을 지나고 나니까 며칠 동안 순이익이 300만 원이나 되더라고요. 그 300만 원이 이 일을 계속할 수 있게 해 준 계기가 된 것 같기도 해요. 그때만 해도 장사를 하면 반드시 돈을 벌어야 하는 것이 최고의 목표인 줄 알았으니까요. 시간이 많이 지난 뒤에야 돈이 목표가 되어서는 안 된다는 중요한 사실을 깨닫게 됐지만요.

카페 실내에 조성한 포인트 정원

꽃이나 정원 일을 배우신 적이 있나요?

📝 꽃이나 정원 일을 따로 배우신 건가요?

📝 배우고 시작한 건 아니었어요. 오히려 일을 시작하고 나서 선생님을 찾아다녔죠. 저와 감성이 잘 맞을만한 선생님을 만나 전문적으로 배우기 시작했어요. 다행히 선생님들마다 제게 용기와 힘을 실어주시는 바람에 자신감 있게 일을 계속할 수 있었어요. 누구나 본인이 좋아하는 일과 각자의 타고난 감성이 조화롭게 합쳐질 수만 있다면 학습의 효율성은 빠른 시간 안에 극대화될 수 있는 것 아니겠어요?

📝 배워서 시작한 게 아니라, 좋아하는 일을 먼저 시작하고 그 분야의 선생님들을 찾아다니면서 배우셨다는 게 정말 인상적입니다.

꽃집 사장님에서 가드너로 어떻게 발전했나요?

[편] 꽃집 사장님에서 가드너로 어떻게 발전한 건가요?

[서] 아주 가끔은 전문적으로 배우지 않은 게 오히려 도움이 될 때도 있는 것 같아요. 열린 사고를 할 수 있다고나 할까요? 새로운 것에 대해 과감하게 용기를 내보기도 하고요. 뜻밖에 좋은 결과가 나타났을 때도 있어요. 그 용기에 힘입어 점점 자신감을 갖게 되었죠. 이런 재미로 일의 범위가 점점 넓혀졌나 봐요. 아파트 상가에서 시작된 작은 꽃집은 대치동으로 자리를 옮기게 됐고, 플라워 카페로 변신도 했다가 청담동에서는 〈flower&garden〉으로 상호에 garden이란 단어가 들어가기 시작했어요. 땅에 뿌리를 내리고 사는 나무, 봄이면 새순이 돋고 꽃이 피고 추운 겨울에도 살아남는 나무를 다루는 작업을 해보고 싶었어요. 청담동 골목 안 매장 앞에는 나무가 심긴 화분이 하나둘씩 늘어나기 시작해 어느새 예쁜 Potgarden이 되어버렸죠. 그 바람에 베란다를 화분으로 꾸며달라는 의뢰가 들어오기 시작하면서 자연스럽게 가드너 일을 시작하게 되었어요. 그런데 꽃집에서 가든 일을 하려니까 공간이 너무 좁았어요. 내부가 늘 깨끗해야 하는 꽃집에 흙을 계속 사용하니까 치우

기도 너무 힘들어서 화훼도매시장이 있는 남서울(과천)에 하우스를 얻게 됐죠. 그러면서 타워 호텔 등 인지도가 제법 있는 매장들로부터 규모가 큰 화분 스타일링을 맡아 하게 되었어요.

편 객관적으로 보면 대표님의 스펙이 엄청 좋은 건 아닌데, 큰 호텔에서 대표님께 화분을 맡긴 이유는 뭔가요?

서 기존 화분의 형태를 벗어나 파격적으로 화분 크기나 색상, 형태 등을 바꿔봤어요. 당시 도매시장에선 찾아볼 수 없는 형태였을 거예요. 많이 특이해 보였나 봐요. 이런 특이함이 그들 눈에 들어왔던 거죠.

나무에 언제부터 관심이 있었나요?

[편] 나무를 처음 심어본 건 언제예요?

[서] 나무를 처음 심어본 건 정원 고수인 언니 덕분이었어요.

[편] 언니도 나무에 관심이 많았나요?

[서] 제가 식물에 관심을 갖게 된 것도 언니를 통해서예요. 단독주택에 사는 언니네 마당을 드나들면서 시작된 거죠. 겨울이면 모두 사라져서 죽었나 보다 싶었던 그 자리에 봄이면 어김없이 언 땅을 뚫고 나와 그 자리를 녹색으로 채워주는 식물들이 신기하기만 했어요. 특히 구근식물인 스노드롭Snowdrop이나 봄이 채 오기도 전 하얀 얼음 속에서 피어나는 노란 복수초는 신비롭기까지 했죠. 정신없이 그들의 매력에 폭 빠져들었어요. 나도 언젠가는 이런 정원을 가꿔보고 싶다는 생각을 하게 됐지요. 때마침 언니가 홍천에 넓은 정원을 마련했고 더 많은 식물들과 접하게 됐어요. 묘목을 심고 씨앗도 뿌려가면서 그들의 성장을 지켜볼 수 있었죠. 그 시간들이 현재 일을 할 수 있는 큰 밑거름이 되었어요. 그때는 제가 조경에 관한 일을 하리라고는 꿈에도 생각 못 했기 때문에 더 소중하게 여겨지나 봐요.

자신이 좋아하는 일을 어떤 계기로 알게 됐나요?

편 요즘은 자신이 뭘 좋아하는지 모르는 사람들이 훨씬 많아요. 대표님은 좋아하는 일을 하고 계신데, 어떤 계기로 알게 되셨어요?

서 집에서 키우던 식물이 어느 날 갑자기 누런 잎으로 변해 모든 잎을 떨구어버릴 때가 있어요. 왜일까요? 대부분의 경우 나무는 수분이 부족한 거예요. 물론 과습의 경우도 비슷하지만 동시에 우르르 낙엽이 되는 것은 물 부족일 확률이 높죠. 이 현상은 잎이 떨어지는 것이 아니라 잎을 떨구는 것입니다. 수분이 부족하니 살아남기 위해 잎의 증산작용으로 쓰이는 수분 증발까지 아끼려는 의도지요. 나뭇가지만이라도 살아남기 위한 득단의 조치인 거예요.

사람들도 살아남기 위해 절체절명의 선택을 해야 한다면 가장 신중한 선택을 하게 되겠죠. 저도 그랬어요. 가장 어둡고 힘든 상황을 나 혼자 극복해 내야만 했었지요. 내가 가장 오랫동안 열심히 집중해서 할 일은 무엇일까를 고민했어요. 이미 어느 정도 일도 해봤을뿐더러 가장 힘든 과정까지도 기꺼이 극복해 낼 수 있는 일은 무얼까? 정원을 만드는 일, 그 일은 이 모든 것들을 견뎌낼 것 같은 믿음이 들더군요. 정원을 만드는 일은 매번 처음 일을 시작할 때의 기대와 설렘을 선물해 주거든요. 매번 다른 환경의 새로운 정원을 디자인하고 또 다른 식물 심기를 고민하니까요. 매번의 다른 작업들은 늘 새로운 에너지를 발산하게 하죠. 저에겐 이 에너지가 현재까지의 삶을 버텨주는 힘이었고, 앞으로의 미래도 그러리라고 생각해요.

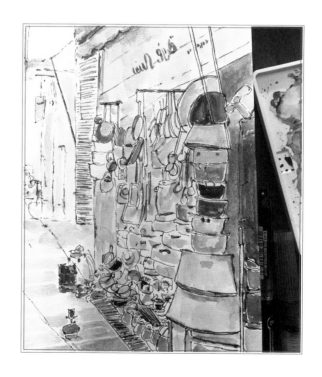

가드너가
되면

사람의 성향에 맞춰야 하는 일인 거 같아요.

편 가드너가 가든을 조성하는 일은 고객들의 성향, 대표님 자신의 개성을 다 살려야 하는 일인 것 같아요.

서 주문이 들어오면 제일 먼저 하는 일이 고객과 함께 시공 현장 답사를 하는 거예요. 주택일 경우는 실내에 들어가서 차도 마시며 잠시 이야기를 나눠보죠. 이 시간이 시공해야 할 현장의 콘셉트가 거의 정해지는 시간이라고 할 수 있어요. 저는 자연과 가까운 느낌의 내추럴 정원을 좋아하고, 그 형태를 가장 많이 만들고 있습니다. 다행히 주로 소개를 받아서 오시는 고객들이라 비슷한 정원을 좋아하는 분들이 많은 편이고요. 그라스와 숙근초, 관목, 교목들을 조화롭게 배치한 내추럴 정원이지요. 그 안에 자연이 그대로 앉아있도록 만들어봅니다. 편안한 느낌이라 그 속에 들어가 앉아보고 그라스 사이를 걸어보고 나무에서 떨어지는 꽃비도 맞아보고 알록달록 단풍도 모든 잎을 떨구어낸 겨울 나목까지도 모두가 멋진 내추럴 정원이에요. 반면에 정형화된 나무 모양으로 1년 내내 같은 모양새로 자리를 지키고 있는 상록침엽수가 주인공인 정원, 클래식한 웅장함을 뽐내는 유럽의 하늘을 찌를 듯이 높은 사이프러스나무를 생각나게 하는 정형적인 모던 정원도 있어요. 우연한 기회에 유럽을 다녀오면서 내추럴 정원만 고집하던 제 시선이 바뀌기 시작했어요. 상록침엽수든 그라스, 숙근초든 서로 조화를 이루기만 한다면 어떤 나무라도 디자인에 따라 훌륭하지 않은 것이 없음을 알게 되었죠. 고객이 원하는 바를 최대한 반영하여 멋진 디자인을 하고 디자인대로 시공해 주는 일이 가장 중요한 일이지요. 다만 원하는 디자인이 시공 현장의 환경과는 전혀 맞지 않을 때는 적절한 환경 상황을 설명하고 함께 의견을 절충하여 합의점을 끌어내는 일도 잊지 말아야 해요. 누가 정원의 주인인지를 반드시 기억해야 하죠.

아마추어와 프로의 차이는 어떤 건가요?

📝 아마추어 가드너와 프로 가드너의 차이는 어떤 건가요?

📝 글쎄요. 상당히 어려운 질문인 것 같아요. 실은 제 자신도 어느 쪽일까를 고민해 봐야 할 것 같으니까요. 모든 일에는 반드시 아마추어와 프로가 있겠지요. 아마추어는 아무래도 일의 순서도 잘 안 잡히고, 계획대로 추진이 잘 안되는 거 같아요. 여러 가지 변수에 대해 대처가 떨어지죠. 특히 정원의 성장 과정을 예측하지 못하는 것도 아마추어의 잦은 실수예요. 예쁜 정원을 조성하는 데에만 포인트를 두거든요. 정원을 그림처럼 예쁘게 꾸미는 일은 누구나 할 수 있어요. 관리 유지나 사계절의 변화를 넓고 깊게 파악하는 능력이 부족할 수밖에 없거든요. 반면에 프로는 식물의 성장 속도, 디자인 구도, 정원 공사 후 유지관리의 문제에 대해 세세하게 종합해서 보고 예측할 수 있는 사람이겠죠. 예를 들어 정원은 꽃의 색상뿐 아니라 잎사귀의 형태도 맞아야 되거든요. 색상, 질감, 구도, 유지관리까지 고민하고 설계하는 사람이 프로라고 할 수 있어요. 새로운 작업을 대하는 자세는 아마추어의 겸손함이 우선일 것이고, 작업 진행에 있어서는 최고의 프로가 되어야 해요.

춘천 이디야 카페의 야외 정원

이 일이 숙련되기까지 얼마나 걸릴까요?

📝 이 일이 숙련되기까지 얼마나 걸릴까요? 숙련되었다는 건 어떻게 알 수 있죠?

🌿 정원을 만드는 일은 똑같은 공산품을 생산해 내는 일과는 전혀 다른 분야예요. 그래서 숙련이란 단어가 낯설게 느껴지는데요. 가드너로 입문해서 5~6년의 현장 경험이 쌓여야만 숙련된다고 생각해요. 경험을 통해서 얻는 건 시간도 많이 들어가고 힘들거든요. 대신 살아있는 지식이기 때문에 단단하죠. 이론으로만 습득한 경우는 경험의 수치가 적기 때문에 모든 일에 불리할 수도 있어요. 저 같은 경우는 여러 가지를 직접 해내야 했기 때문에 숙련 시간을 많이 단축했다고 생각해요. 실수 하나도 누군가의 탓으로 돌릴 수 없었죠. 익숙해진다는 말로 바꿔볼까요? 물론 개인차가 있을 수 있어요. 남들보다 감성적 인지능력이 높다면 그 시간차를 많이 줄일 수 있을 거예요. 작업에 대한 두려움과 걱정이 많이 줄었다면 그만큼 작업에 익숙해진 거고요. 나아가 주어진 작업을 즐길 수 있다면, 이제는 진정한 가드너가 된 거라고 생각해요.

가드너 일을 하면서 특별히 배우는 게 있나요?

편 가드너 일을 하면서 인생에서 특별히 배우는 게 있나요?

서 제가 가드너로서 배우는 건 '기다림'이에요. 식물들은 기다려야 할 때가 참 많거든요. 성격이 급한 저는 식물에게 큰 배움을 얻어요. 추운 겨울이 지나고 연둣빛 새순이 나올 때까지, 꽃봉오리가 맺히고 꽃이 필 때까지, 안 좋았던 나무가 서서히 다시 좋아질 때까지, 나무에 생긴 해충이 사라지고 다시 나무에 생기가 돌 때까지 계속 기다려야 돼요. 지금 당장은 힘들고 눈에 보이는 성과가 크게 없더라도 이 시간을 견디면서 언젠가 다가올 멋진 다음을 최선을 다하면서 기다려보는 거예요. 저는 그렇게 기다리면서 순간순간을 성실하게 열심히 살아가고 있답니다. 제가 만들고 있는 꽃봉오리가 어느 날엔가는 활짝 피어주겠죠. 하지만 이것마저 크게 기대하진 않아요. 어쩌면 매일이 그날일 수도 있으니까요.

제일 처음 만들었던 정원 기억나세요?

편 제일 처음 만들었던 정원 기억나세요?

서 제대로 된 첫 가든은 성당에서 오랫동안 알던 분의 정원이었어요. 단독주택 정원이 꽤 넓었는데 저한테 정원을 해달라고 하셔서 얼마나 떨렸는지 몰라요. 제 성향을 아니까 정원을 맡기면 예쁘게 잘해줄 것 같다고 하셨죠. 그래서 원가도 생각 안 하고 신이 나서 열심히 해드렸어요. 믿고 맡겨주신 것에 대한 보상이라도 해야 할 것 같아서요. 다행히 아주 마음에 들어 하셨고, 정원 관리도 여러 번 하게 되었는데 어느 날은 고민을 하게 되더라고요. 너무 많은 것을 보여주려는 욕심에 처음 생각했던 콘셉트를 표현하지 못한 오류를 범한 것은 아닌지에 대해서요. 정말 그런 부분들이 보이기 시작했고, 다행히 관리를 더 해드리면서 그런 부분들을 수정해 나갔어요. 이해해 주시고 소리 없이 늘 따스한 칭찬으로 용기를 북돋아주셨던 그분께는 늘 감사한 마음을 잊지 않고 있답니다.

편 보고 싶네요.

서 그때는 일하느라 정신이 없어서 사진도 몇 장 못 남겼어요.

편 서혜란 가드너가 만든 가든의 특징이 있나요?

서 글쎄요. 특징이라고까지 할 수 있을지 모르겠는데요. 일단 식재 공간을 분할하고 남겨둔 여백을 제외한 식재 공간에는 주로 빡빡하게 밀식을 해요. 비움과 채움을 확실하게 구분하죠. 펼쳐 심기를 안 하는 편이에요. 밀식을 할 때는 햇빛이 비치는 방향이나 바람의 방향 등을 살펴 식재한 식물들이 한 덩어리 같아 보이도록 심으려고 노력해요. 식재한 후에 "새로 심은 것 같지 않고 마치 이 자리에 있었던 것 같아 자연스러워서 좋다."라는 말을 많이 듣죠. 늘 '자연스러움', '편안함'에 대해 많이 고민해요. 하지만 이 밀식은 예산에 상당한 부담이 가는 부분이기도 하답니다.

편 그렇게 되면 사업적으로 힘들지 않으세요?

서 새로운 정원을 할 때마다 배우는 게 있어요. 숫자로 보이는 수익만으로 손익을 판단할 수 없다는 거예요. 새로운 식물 식재 유형을 시도해 봤다든지 혹은 작은 실수가 오히려 독특함으로 유도됐다든지, 그로 인해 고객으로부터 멋진 칭찬을 들었다든지 그래서 또 다른 작업과 연결되는 계기가 되었다든지 등의 드러나지 않은 값진 수익들은 일을 해나갈 수 있는 가장 필요한 에너지가 되어주거든요. 손해를 본다는 개념은 나 자신을 힘 빠지게 할 뿐이죠.

이 직업을 갖기 전과 후, 달라진 건 뭔가요?

📝 이 직업을 갖기 전과 후, 달라진 건 뭔가요?

🈂 제 자신이 가장 많이 바뀐 것 같아요. 늘 소극적이었고 나서지도 못하는 성격이었는데 용기를 내본 거죠. 일하다 보니 나를 찾아와 주는 사람도 생기고 내가 만든 결과물을 흡족해하고, 하물며 소개까지 받으니 처음엔 꿈만 같았어요. 내가 느끼게 된 이 성취감과 만족감이 나를 많이 바꿔놓았어요. 그래서 자신을 더 사랑하게 됐죠. 막중한 책임이 뒤따르는 일이긴 하지만 부족했던 자존감도 많이 높아진 것 같고요.

그리고 또 바뀐 게 있다면 제가 많이 힘들어했던 그 시간들조차 이제는 다 쓸모 있는 시간들이었다는 걸 깨닫게 됐어요. 그 시간들이 없었다면 그대로 머물러만 있었을 텐데, 덕분에 제가 똑바로 설 수 있는 계기가 되었다고 생각해요. 그래서 지금 이 순간이 얼마나 소중한지 느끼게 됐고요. 물론, 살면서 힘들었던 순간들을 모두 지워버리고 싶었던 때도 있었어요. 일이 잘 안 풀리고 월세 낼 돈이 없어서 전전긍긍할 때도 많았죠. 그때 엄마가 저한테 해주신 말씀인데, 정말 힘들었을 때보다 지금이 조금이라도 괜찮다면 그만큼 나아진 거라고, 그리고 차라리 그때로 다시 돌아가고 싶을 만큼 힘든 게 아니라면 된 거라고 하셨어요. 엄마 말씀처럼 지난 시간들이 있었기 때문에 다시 힘든 일이 왔을 때 견딜 수 있었어요. 일을 하면서 오히려 어려움을 견디는 힘과 저를 지탱할 수 있는 힘이 생긴 것 같아요. 지나간 시간은 모두 1분 1초도 쓸모없는 시간은 없어요. 나에게 필요한 시간들이었던 거죠. 그래서 지금은 그런 시간마저도 감사하게 생각해요.

가드너의 수입은 어떻게 되나요?

편 가드너의 수입은 어떻게 되나요?

서 어려운 질문이네요. 수입은 일하기 나름이에요. 프리랜서들은 어느 분야나 다 비슷하죠. 거기다 가드너는 계절을 타는 일이다 보니 한여름과 한겨울에는 일이 별로 없어요. 그래서 여름, 특히 겨울엔 실내 화분 판매나 수업, 실내 가든 조성 등을 해요. 수입은 경력이나 개인에 따라 많은 차이가 있겠지만, 어느 정도 경력이 쌓인다면 연 매출 2~3억 원 정도는 될 것 같아요. 물론 상대적인 부분이겠지만요. 정원의 규모가 커지면서 매출 규모가 커지지만 가드너의 역량이나 정원마다 수입이 달라져요. 고객들의 유지관리가 잘되면 수입 규모도 커지겠죠. 저 같은 경우는 지인 소개가 많은데, 직접 영업하는 것보다 수입이 좋은 편이에요. 그리고 조경회사가 부도나는 경우도 많아요. 왜냐하면 인건비 지출이 커지고, 큰 건축 사업이 부도나거나 미분양이 되면 가장 마지막 과정에 투입되는 조경회사도 같이 어려워지거든요.

편 가드너의 정년이 있나요?

서 몸 관리만 잘 하면 정년은 없어요. 대신 정신적인 리뉴얼을 해야 돼요. 몸과 마음을 늘 새롭게 해야죠. 다른 사람의 정원도 체크해야 되고요. 자신의 몸을 건강하게 만들어야 가드너로 오래 일할 수 있어요.

실패한 정원도 있나요?

편. 실패한 정원도 있나요?

서. 네. 물론이죠. 그로 인해 몰랐던 저의 단점을 발견했습니다. 내가 생각한 디자인을 모두가 좋아해 주리라는 말도 안 되는 생각이 일을 그르친 겁니다. 그래서 다 완성된 베란다 정원의 형태를 모두 바꿔드린 적이 있습니다. 한남동 펜트하우스 오픈 베란다였는데, 하늘이 배경이고 집 구조나 가구가 모던한 분위기였습니다. 그래서 베란다 화분도 모두 검정으로 색을 입혔지요. 호텔 같은 느낌이 잘 어울릴듯했습니다. 가족들이 유난히 맘에 들어 하셨지요. 마침 그 댁을 방문하셨던 같은 동네 이웃이 그 정원을 보고 의뢰가 들어왔어요. 방문을 해보니 그 댁은 2층이라서 베란다 외부 조경으로 심어 놓은 키 큰 상록침엽수 나무들도 많이 보이고 잔디와 조경석 등 베란다 외부 배경이 마치 내 집 정원의 연장처럼 보이더라고요. 순간 여기는 하늘이 보이는 펜트하우스 베란다보다 따뜻한 느낌의 단독주택 마당 같은 베란다 정원을 해야겠단 생각이 들었고 바로 디자인 설명과 사진 이미지를 드리고 시공에 들어갔어요. 완공 후 다시 바꿔달라는 요청이 들어오고 재시공에 들어갈 수밖에 없었습니다.

이 고객은 당연히 그 댁과 같은 분위기가 나오리라 생각하신 거지요. 당장은 속상한 생각만 들었어요. 비용 생각뿐이었으니까요. 재시공이 끝나갈 무렵 깨달았습니다. 이 정원의 주인은 내가 아니라는 것을 말입니다. 훌륭한 수업을 한 거죠. 그만한 대가를 치르고 고맙다는 고객의 인사를 들으면서 말이에요. 그 후로는 늘 명심합니다. 고객이 무엇을 원하는지가 가장 중요하고 나는 고객이 원하는 바를 이룰 수 있도록 도움을 주는 조력자임을 잊지 않게 되었지요. 고객과 함께 만들고 함께 가꾸어나가고 그 방법을 안내해 주는 역할을 하는 사람이 바로 가든 디자이너이고 가드너란 사실을요.

가족들은 대표님을 보면서 뭐라고 하나요?

편 가족들은 대표님을 보면서 뭐라고 하나요?

서 그런 말이 있어요. 가장 가까운 사람들한테 인정받기가 가장 힘들다는 말이요. 더군다나 저는 나이 차이가 한참 많이 나는 막내이기도 하고 사회생활도 전혀 해보지 않았잖아요. 그래서 엄청 걱정스러웠을 거예요. 늘 불안해하셨지요. 거기다 전공을 한 것도 아니고 하물며 너무 늦은 나이에 시작을 한다 하니 얼마나 걱정이 됐겠어요. 이제 그런 시간들이 어찌어찌 지나가고 "뭔가를 하긴 하나 보다."라고 믿어주시고 용기를 실어주십니다. 늦은 나이긴 해도 내가 좋아하는 일을 열심히 꾸준하게 노력하는 모습이 이젠 보이나 봅니다. 기대해 주는 만큼 불어나는 나의 몫이 가끔은 어깨를 누르지만 그래도 버텨나가 봐야지요.

편 어떤 엄마셨어요?

서 딸이 어렸을 때는 너무 심하게 잔소리를 해서 딸 친구들 간에 제 별명이 한때는 래퍼였어요. 아이 친구들 사이에서 제일 무서운 엄마였죠. 늘 걱정을 쌓아 안고 있는 엄마였습니다. 아이가 고등학

교를 마칠 때까지 잔소리와 야단이 끊이지 않았고 그러면서 한편
으론 아이한테 늘 미안해했어요. 세상이 무서우니 늘 그 주인공이
내 아이란 생각만 들었거든요. 두 사람의 불신은 점점 커가고 외로
움도 눈덩이만큼 커져만 갔죠. 서로를 향한 마음의 문을 아주 굳게
닫아가고 있었어요. 많이 힘든 시기였습니다. 이렇게 두 사람이 함
께 살아내는 시간도 만만치는 않았지만 어느덧 우리 두 사람은 꿋
꿋하게 서로에게 위로와 용기를 주는 사랑스러운 모녀 사이가 되
었답니다.

편 젊은 사람들과 일하시면서 엄마로서 잘못했다는 걸 어떻게 깨
달으신 거예요?

서 일이라는 게 여러 가지 상황이 생기기 마련이잖아요. 어려운
상황에 부딪혔을 때 독립심 있게 성장한 사람들이 훨씬 능력이 탁
월하다고 느꼈어요. 부모에게 많이 의존해서 성장한 사람들은 눈
앞에 주어진 일밖에 못하는 것 같았어요. 아이가 목표를 갖고 나아
가고 있다면 엄마는 옆에 있어주기만 해도 되는데 저는 너무 앞서
서 심하게 간섭을 했더라고요. 요즘은 무슨 일이든 "응. 그래, 알았
어. 잘해봐, 잘하리라 믿어"로 응원해 줍니다. 엄마가 신뢰감을 심
어줘야 아이도 그 이상의 책임감을 느끼게 될 테니까요. 성취감이

생기고 나면 창의성은 자연스럽게 따라오는 것 같아요.

편 직업을 갖게 되면서 사람을 보는 눈이 달라진 거네요.

서 네. 사고의 기준이 달라졌다고 할까요, 일을 하면서 수만 가지 상황을 겪다 보니 상대방을 이해하는 폭이 많이 달라진 것 같아요. 모든 일은 가장 근본적인 인간관계로부터 비롯된다는 걸 깨닫게 되었지요. 그런 관계는 모두 자신이 만들어가고 책임도 져야 하는 부분이지요. 좀 더 멀리 보고 깊게 생각하지 않으면 그 관계는 쉽게 허물어지고 마니까요.

편 따님도 엄마가 달라졌다고 하나요?

서 글쎄요. 얼마 전 우연히 찍게 된 유튜브를 보고 딸이 칭찬해 주더라고요. 늘 자신감 없는 엄마 때문에 속상해서 더 스트레스를 많이 받았던 것 같아요. 그래서 딸은 달라진 지금의 제 모습이 흡족한가 봐요. 나이가 들면서 한숨도 늘고, 잔소리도 늘어나는 엄마보다 늘 바쁘고 즐겁게 사는 엄마가 좋은 거죠. 딸들은 엄마가 엄마의 인생을 소중히 여기길 바라거든요.

서혜란 가드너의 가드닝

헤라스 가든이라고 지은 이유가 있나요?

편 헤라스 가든이 회사명인가요?

서 요즘은 일을 하려면 SNS가 반드시 기본 여건이 되잖아요. 인스타그램이 있기 전 블로그를 만들면서 닉네임이란 걸 만들 때 딱히 생각나는 것도 없어 고민하던 차에 친구가 '헤라'를 제안해 줬어요. 그래서 블로그 제목이 '헤라의 뜰'이 됐지요. 그것이 '헤라스 가든'으로 이어진 거죠. 현재 제 작업실이 헤라스 가든입니다. '뜨레'란 이름은 제가 '뜰'이란 단어를 좋아하거든요. 처음 상호를 '뜨레'라고 했던 것도 '뜰에'를 풀어서 쓴 것이었어요. 지금의 회사명은 'gardendesign_tre'예요. 볼 때마다 가든 디자인의 중요성을 확인하려는 마음에 그 단어를 앞에 넣어봤습니다.

헤라스 가든 입구

헤라스 가든 외부

헤라스 가든 내부

대표님만의 개성이 궁금해요.

편 대표님만이 갖고 있는 개성이 궁금합니다.

서 당시에는 일반적으로 큰 화분의 분갈이를 할 때, 밑에 스티로폼을 깔고 그 위에 나무를 얹어서 흙을 채우는 방식이었지요. 하지만 저는 처음부터 나무의 습성을 파악하고 흙 성분을 고려하여 나무를 심었어요. 그래야 나무가 잘 자라니까요. 그게 벌써 10년도 훨씬 전이에요. 그때부터 분갈이의 형태가 조금씩 달라지기 시작했던 것 같아요. 그리고 화분 하단부에 심어진 나무와 습성(햇빛 양과 물 주기 등)이 잘 맞는 작은 식물들을 함께 심어 봤어요. 돌이나 이끼, 마사, 바크 등으로 마무리도 신경 써서 하곤 했지요. 마치 화분 안에 작은 정원을 또 하나 집어넣은 듯 말이죠. 실제로 이런 상상 속 그림을 머릿속에 그리며 식재 작업을 했어요. 많은 작업으로 저녁 늦게까지 일을 해도 그 시간이 그림을 그리듯 행복하기까지 했답니다.

편 새로운 유행을 만드셨네요.

서 네. 어찌 보면요. 그때는 주로 하얀 세라믹 화분만 쓰는 분위기였는데, 저는 좀 더 나아가서 화분이 놓일 환경에 적합한 나무를 선택하고 그 나무와 어울리는 화분, 화분이 놓일 형태 등을 고려하여 스타일링에 대한 고민을 많이 했던 것 같습니다. 예를 들면 나무의 가장 멋진 모습이 보이도록 형태를 잡은 후 화분이 놓일 장소의 환경 요건인 일사량, 조명, 벽과 바닥의 색상과 재질을 모두 확인하고 점검한 후에 조건에 맞춰서 어울리는 화분을 찾았어요. 단순히 나무를 심기만 했던 화분 식재 개념에서 식물 디자인이라는 영역으로 넘어가게 된 거죠. 무조건 크고 풍성한 화분이 아니라 한 그루라도 나무의 선이 아름다운 그림 같은 나무를 선호하게 된 것입니다. 그러면서 인테리어 하는 분들과도 자연스럽게 연결되기도 했습니다.

편 처음 실외 가든 의뢰가 들어왔을 때 떨렸을 것 같아요.

서 모든 일은 처음이라는 관문을 반드시 통과해야 하니까요. 그런데 식재해야 할 공간을 처음 보는 순간 그 공간에 채워질 나무들이 그림처럼 머릿속에 떠오르더라고요. 저도 깜짝 놀랐어요. 신기하기도 했고 다행스럽기도 하고요.

자본금이나 사업 비용은 어떻게 하셨어요?

[편] 처음 사업을 시작하실 때 자본금이나 사업 비용은 어떻게 하셨어요?

[서] 저는 법인은 아니고 개인사업자예요. 화원 개점은 식물과 꽃만으로도 이미 인테리어 효과가 충분하기 때문에 비용이 많이 안들어서 처음엔 갖고 있던 돈으로 작게 시작했어요. 그리고 지금 하우스도 특별하게 인테리어를 한 게 없어요. 처음 비닐하우스를 임대할 때 주인이 식물을 한다 하니까 저렴하게 임대해 주셨어요. 동네가 좋아질 것 같다고 하시면서요. 테이블과 실내 식물만 갖다 놓고 시작했어요. 데크도 저희가 직접 만들었고, 싱크대도 이케아에서 구입하여 조립한 거고, 식물을 올려놓은 파렛트도 단골 화분 가게 사장님이 독일 화분을 수입하거든요. 그곳 파렛트가 유난히 예쁘길래 좀 졸라봤지요. 선뜻 내어주셔서 많이 얻었답니다. 당근마켓도 이용하고요. 그렇게 하다 보니 비용을 많이 줄일 수 있었어요. 테이블과 선반, 책장 등 몇 개만 구입했어요. 조명도 맘에 드는 걸 구입하려니 가격이 엄청나더라고요. 그래서 한참 전에 중국 이우 시장에서 사들고 왔던 나무 리스와 꽃바구니를 이용하여 만들어봤

습니다. 시간은 많이 걸렸지만 불을 켜고 끌 때마다 이야깃거리가 떠오르곤 한답니다. 필요에 따라 하나하나 만들어왔고 지금도 조금씩 손대고 있어요. 큰 나무와 화분들을 조화롭게 배치하는 것이 비싼 물건을 들여놓는 것보다 더 어려운 일이지요. 처음부터 너무 갖춰져있는 것보다 올 때마다 하나씩 바뀌는 모습을 고객들도 좋아하고 재미있어하더라고요. 늘 노력을 하고 있다는 느낌도 전달할 수 있고요. 하우스 안에 작은 온실을 들여놓을 때나 외관에 나무를 덧대어 창을 내고 유리문을 달 때마다 많이 좋아해 주셨어요.

🔲 그럼 초기 투자금이 많이 필요하진 않네요.

🔲 초기 투자금이라면 토지 비용과 식물 구입 비용, 시설물 비용 등이지요. 토지 매각이 부담스러우면 임대하는 방법도 있어요. 그 중에 하우스는 임대료가 싼 편이지만, 요즘은 구하기가 좀 어렵긴 합니다. 하우스는 대개 개발제한구역에 설치되어 있어 관리비가 적게 들어요. 정원 작업을 마치고 난 후 그동안 미뤄왔던 내가 하고 싶었던 것들을 한 가지씩 들여놓는 재미도 쏠쏠합니다. 이번 겨울엔 오래된 기름보일러를 없애고 인버터 냉난방기 한 대를 더 들여놓고 매년 겨울마다 꽁꽁 얼어붙어 들어올 때마다 힘들게 했던 유리문 앞에 예쁜 문을 하나 더 만들었답니다.

Job
Propose 55

가장 쓰라렸던 경험은 무엇인가요?

편 이 일을 하면서 가장 쓰라렸던 경험이나 실패한 정원이 있나요?

서 실패했다기보다 공사 중에 마음이 아팠다고 해야 할 것 같아요. 춘천 이디야와 거의 동시에 진행한 곳이 있었어요. 천안에 있는 기숙사 중정이었는데, 거기도 꽤 넓었죠. 식물 종류도 춘천 이디야와 비슷하게 심고 관리도 비슷하게 했어요. 두 곳의 환경조건이 비슷했거든요. 다만 천안은 학생들이 기거하는 곳이라 꽃보다는 관리가 수월한 상록수와 관목을 주로 심었어요. 그런데 물 관리를 잘하는 춘천 이디야는 식물들이 잘 자라주는데 반해 천안 기숙사 중정은 물을 충분히 못 줘서 계속 말라 죽는 거예요. 서울을 왕복하며 관리를 해야 하는 상황이라 더 힘드셨을 거예요. 그런데 나중엔 저희 관리에 문제가 있다고 하는 바람에 마음이 많이 상했죠. 저희가 정기적으로 가서 관리는 해드리지만, 기본적으로 매일 물을 주고 보살피는 건 주인들의 몫이거든요. 물 주기도 결코 쉬운 일은 아니에요. 비가 적은 봄가을이나 특히 잔디는 매일 많은 양의 물을 줘야 해요. 땅 표면만을 축여주는 정도로 준 물은 전혀 도움이 안 되거든요.

식물 하나하나 몇 분씩 머물면서 충분히 물을 줘야 한다고 여러 번 알려드렸는데도, 그게 잘 안됐었나 봐요. 식물이 죽어서 계속 재식재를 해줘야 하니 저희들도 정말 힘들더라고요. 가끔 생각이 나면 마음이 안 좋아요. 그곳 식물이 어떻게 됐을까 걱정이 많이 되죠.

상록수를 식재한 기숙사 중정

완전히 다른 스타일의 가든으로
성공한 경험이 있나요?

편 완전히 다른 스타일의 가든으로 성공한 경험이 있나요?

서 헤이리 모쿠슈라 1호점이에요. 상록수를 위주로 식재한 건 그곳이 처음이었어요. 유럽여행을 다녀오고 나서 상록수 매력에 푹 빠져있을 때 맡은 일이기도 했고요. 레스토랑 콘셉트에 정형적인 상록수가 딱 어울릴 것 같았어요. 고객도 흔쾌히 좋아해 주셨고요. 처음 시도치곤 아주 흡족했어요. 상록수를 위주로 한 정형적인 모던 정원, 저에게 새로운 정원 콘셉트가 하나 더 생긴 거죠.

헤이리 모쿠슈라, 정형식 정원

회사의 성장을 위해 어떤 노력을 하시나요?

편 회사를 키우고 자신도 성장하기 위해서 어떤 노력을 하시나요?

서 맡겨진 일을 성실히 해내는 이상 새로운 디자인을 찾는 일이 중요해요. 얼마 전 작업한 파주 카베아에는 철판으로 만든 코르텐 강 재질의 화분을 제작해 들여놓았어요. 4m짜리 구상나무, 느티나무 등 큰 나무를 심으려니 화분 크기도 엄청 커졌죠. 지름과 높이가 1m 이상이라 아래쪽에 바퀴를 달아 움직였어요. 다섯 차례의 색을 입혀 만드는 작업이었고, 많이 멋졌어요. 새로운 일을 한다는 건 늘 가슴 뛰고 설레는 시간들이죠. 파격적인 화분 디자인도 생각 중이에요. 화분도 인테리어의 한 영역으로 자리 잡을 수 있으니까요. 멋진 오브제에 어울리는 디자인 나무를 심어보려고요. 그리고 평면 구성인 정원에 어울리는 구조물을 넣어서 시선의 변화를 줄 수도 있고요. 예를 들면 정원 한편에 벽돌담과 앤티크 문을 살며시 들여놓으면 비밀의 정원 같은 느낌의 신비함을 얹어볼 수 있어요.

편 이건 디자인의 영역이네요. 이타미 준의 작품 같아요.

서 네. 작품처럼 보이죠?

철 드럼통 화분과 의자 세트

편 구조물이라고 하면 춘천 이디야에 만들었던 포토존 같은 걸 말씀하시는 거죠?

서 네. 그런 것도 구조물이죠. 저는 정원에 구조물을 하나씩 넣는 게 좋은 것 같아요. 그리고 이번엔 철판 벽에 뿌연 가스등을 달 예정인데, 이런 것도 식물과 잘 어울리고 식물이 돋보일 수 있게 제작해 보려고 생각하고 있어요. 그리고 시멘트로 화분을 만들고 그 위에 타일을 붙여 큰 화분도 만들었어요. 화분 주변은 스탠드바 테이블로 사용하고요. 큰 나무 아래 서서 친구와 맛있는 맥주 한잔하면서 지난 이야기를 나누는 상상을 하면서 만들어봤어요.

헤이리 카페에 크리스마스트리를 설치했는데, 작년에 사용했던 걸 다시 리폼한 거예요. 철 구조물 안에 자작나무로 형태를 만들고 빨간 볼을 달았어요. 자작나무는 본래 지방분이 많아서 잘 썩지 않거든요. 작년에 쓴 걸 지하 창고에 보관했다가 꺼냈는데 상태가 좋아서 다시 리폼했어요. 올해 신년엔 빨간 볼을 뗀 후에 자작나무 볼을 달아볼까 생각 중이에요. 계속 새로운 제안을 하고 변화를 주면 고객들이 고마워하세요. 일회성 고객이 아니라 영원한 고객이 되는 거죠. 모두와 신뢰를 쌓아가는 일, 그것이 곧 행복이 아닐까요.

자작나무를 이용한 크리스마스트리

정원에 설치한 구조물

벽돌 구조물

플랜트 박스를 이용한 Bar Table

팀워크는 어떻게 관리하나요?

[편] 팀으로 작업하시잖아요. 팀워크는 어떻게 관리하나요?

[서] 주로 프리랜서 작업자들과 일을 해요. 필요에 따라 동원되는 인원은 다르고요. 작업자들이 없으면 아무리 훌륭한 디자인이라도 결과물을 만들어낼 수 없어요. 늘 고맙다는 생각을 하고 있죠. 그래서 작은 것 하나라도 섭섭하지 않게 해주려고 노력해요. 다행히 오랜 시간이 지나다 보니 그런 마음을 다들 느끼는 것 같아요. 오래 같이 일을 해 와서 이제는 서로 잘 알죠. 제가 인복은 좀 있는 것 같아요. 진심이 가장 중요한 부분이에요.

생화에서 조경으로 넘어가는
큰 변화 앞에서 두렵진 않았나요?

편 지금까지 해오면서 매출 규모가 크게 오른 적이 있었나요?

서 생화나 화분을 할 때보다는 아무래도 조경으로 넘어오면서 많이 올라갔죠. 규모가 달라지니까요.

편 생화에서 조경으로 넘어가는 큰 변화가 두렵진 않았나요?

서 식물을 좋아하는 사람들은 결국 조경 공사를 목표로 하지만, 엄두가 안 난다고 하는 분들도 간혹 있어요. 생화로 작게 꽃다발이나 꽃바구니를 만들다가 갑자기 규모가 커져서 살아있는 나무를 땅에 심고 키우려면 해보던 일이 아니니까 어렵고 망설여지거든요. 예전에 꽃집을 할 때 꽤 큰 행사장 안의 벽면 전체를 생화로 작업한 적이 있었어요. 걱정을 했지만 저는 꽃바구니나 꽃다발 만들 때보다 훨씬 재미있더라고요. 늘 하던 것보다 새로운 것에 더 흥미를 느끼고, 규모도 작은 것보다는 큰 쪽을 더 좋아하고 재미있어하다 보니까 겁 없이 조경 쪽으로 자연스럽게 넘어오게 된 것 같아요.

어찌 보면 약간의 무모함도 필요한 것 같아요. 용기라고 할 수도 있겠죠. 관심이 가는 새로운 것이나 생각하는 것들을 시도해 보는 거예요. 그런 요소들이 발전할 수 있는 계기가 된 것 같아요. 다행히 결과도 괜찮다는 평가를 받으면서 자신감도 갖게 됐고요. 그 힘으로 또 새로운 것들을 계속 시도해 봤어요. 제가 좋아하는 일을 하고 도전하면서 나름의 성취감과 자신감이 생겼고, 그것이 또 도전할 수 있는 힘을 키워준 것 같아요. 그래서 개인적으로는 젊었을 때보다 나이가 들어서 이 일을 시작한 게 다행이라고 생각하기도 해요. 긴 시간 동안 마음속에서 축적되었던 것들을 하나하나 풀어나가는 느낌이랄까요.

정원의 철제 울타리

꿈이라는 에너지가 현실로 된 거네요.

편 꿈이라는 에너지가 현실로 된 거네요. 정말 희망이 안 보여도 꿈을 잃으면 안 되는 거 같아요.

서 꿈은 꾸어봐야 하는 것 아닌가요? 일단 용기 내서 부딪히고 해 보는 거죠. 발전할 수 있는 기회를 놓치면 성장은 거기서 멈춰버리 잖아요. 부정적으로 걱정만 하지 말고, 스스로 할 수 있다고 최면이 라도 걸어보는 거죠. 도저히 안 될 것 같던 일을 해냈을 때의 짜릿 한 성취감을 맛본다면 아마 그 매력에 빠져들게 될 거예요.

편 그렇게 꿈꾸고 희망을 갖는 게 에너지가 돼서 언젠가는 표면 화되죠.

연예인들의 가든은 어떻게 작업하게 되었나요?

편. 연예인들의 가든은 어떻게 작업하게 되었나요?

서. 아, 그거요, 크게 한 것도 아니에요. 어느 날 그분들이 우연찮게 제 작업실을 방문했어요. 남자 한 명과 여자 두 명이었는데, 평소와 같이 구경 온 분들인 줄 알고 저는 하던 일을 계속하고 있었죠. 그런데 그 남자분이 바로 정재형 씨였어요. 사실 TV를 안 보는 편이라서 이름을 들어도 몰랐어요. 정재형 씨가 마당에 있던 러시아올리브 화분을 선뜻 구입했어요. 그리고 가든을 부탁한 여자분이 바로 엄정화 씨였어요. 집에 도착해서 정원 동영상을 찍어 보냈는데 목소리를 들으니까 알겠더라고요. 나머지 한 분이 유희열 씨 부인이었는데 안테나 사옥은 제안서만 제출하고 공사는 못했어요. 그래서 엄정화 씨 집에 가든을 하러 갔었고, 엄정화 씨 유튜브에 정원 작업 현장이 살짝 나왔죠.

편. 연예인들이 식물을 좋아하나 봐요?

서. 요즘은 연예인뿐 아니라 모두들 좋아하잖아요. 정재형 씨 집은 거의 식물원 수준인가 봐요. 관리가 만만치 않을 텐데 대단하세

Job
Propose 55

요. 식물들이 내뿜어주는 산소가 새로운 악상 연구에 도움이 되는 걸까요.

🔲 화분이 방송 협찬으로 들어가기도 하나요?

🔳 그런 경우가 많을 것 같긴 한데, 저는 협찬은 안 해서 잘 모르겠네요.

🔲 그래도 엄정화 씨가 올린 유튜브가 홍보에 도움이 됐을 것 같아요.

🔳 글쎄요. 유튜브에 올려준 건 고마운 일이에요. 하지만 그런 일은 재미로 끝나야지 큰 기대 같은 건 염두에 두지 않았어요. 고객이 정원 시공 결과물에 만족하면 저도 좋을 뿐이죠. 고마운 일이고요. 물론 그 유튜브 이후 며칠 내내 제 인스타가 좀 붐비긴 했어요.

최근에 일하면서 힘든 적이 있나요?

[편] 최근에 일하면서 힘든 적이 있나요?

[서] 기존에 제가 1호점 가든을 조성한 곳이었는데, 다음 2호점, 3호점의 가든을 요즘 한창 실세인 조경회사와 제안서를 나란히 넣게 되었어요. 아직도 1호점을 정기적으로 관리해 주고 있는데, 잘해드리니까 고맙다고 추천받아서 간 자리였거든요. 그런데 상대회사와 추천인에 대한 부담감 때문에 PT를 제대로 못하고 말았어요. 어찌나 속이 상하던지요.

[편] 디자인과 식재를 따로 하는 경우도 있나요? 안 하신 이유가 있을까요?

[서] 설계나 디자인만 하는 곳도 있죠. 설계, 디자인 파트와 식재를 각각 다른 사람들이 맡아서 하게 되면, 디자이너의 감성이 담긴 결과물이 나오기가 힘들 때가 있어요. 고객은 그 디자인을 보고 결과물을 기대하게 되는데요, 식재만 맡아서 하게 되면 그 감성을 그르치게 될 수도 있어서 서로 힘들어지는 경우가 종종 있거든요. 디자인팀과 식재팀이 훌륭한 조합이라면 더할 나위 없겠지요.

사람들과 소통하는 노하우가 있나요?

편 사람들과 소통하는 대표님만의 노하우가 있나요?

서 일단 상대방의 마음을 최대한 맞춰가며 다가가려고 노력해요. 조건에 합당치 않은 의견일지라도 처음부터 단호하게 부정하기보단, 우선 긍정적으로 함께 살펴본 후에 상대방에게 한 번 더 생각해 볼 수 있는 기회를 주고 기다리죠. 가능하면 상대방이 제가 원하는 대답을 먼저 얘기하게끔 만들려고 노력해 보는데, 시간은 걸렸어도 해결되었던 기억이 있어요.

편 끝까지 소통이 안 되는 고객도 있지 않나요?

서 대개는 소개나 SNS를 통해 오는 분들이라 대충 저의 성향을 알고 미팅을 하게 돼서 그런 일은 거의 없었는데요, 만약에 그런 일이 생겨 도저히 해결이 안 될 것 같으면 고객이 원하는 대로 해드려야겠죠. 정답이 있는 일은 아니니까요. 고객의 마음에 흡족한 것이 제일이에요.

편 클라이언트 자신이 뭘 원하는지 모르는 경우도 있잖아요.

서 "전문가니까 그냥 알아서 해주세요."라고 하는 경우가 생각보다 많아요. 그런 경우는 고객이 고를 수 있도록 여러 가지로 제안을 하죠. 그렇게 해서 또 합의점을 찾아가면 되니까요.

홍보는 어떻게 하나요?

편 따로 홍보는 안 하시나요?

서 저는 일의 대부분이 소개로 이어져요. 제가 만든 정원을 이미 본 사람들이고, 어떤 콘셉트인지 알고 그런 정원을 좋아하는 분들이 오는 거라서 홍보에 대한 부담은 크게 안 느껴요. 솔직히 적극적인 홍보에 대한 자신도 없고요. SNS를 하지만 그곳은 식물 키우기, 정원 가꾸기를 바탕으로 한 제 팔로워들과의 소통 장소라고 생각해요. 이런 제 생각을 오히려 좋아해 주는 분들도 많은 것 같아요. 편하게 접근할 수 있는 곳이란 느낌이 저는 더 좋거든요. 그러다 매출로 이어진다면 더할 수 없는 행운이겠죠.

가드너 자신을 위한 정원도 있나요?

📖 자기 자신을 위해서 꾸민 정원도 있나요?

서 한때는 저희 집 베란다 내부 아래위와 외부 난간엔 이끼플라워 바스켓을, 베란다 실내외엔 발 디딜 틈도 없이 꽃을 키웠어요. 베란다 정원은 저의 천국 같은 곳이었죠. 아무리 안 좋은 일이 있어도 베란다에 가득한 꽃들을 보면 내 마음이 왜 불편했는지 잊어버릴 정도였어요. 마냥 들여다보며 잎 정리를 하고 새로 생긴 꽃봉오리도 세어 보고 화분 위치도 바꿔보고 하다 보면 시간이 금방 지나버리거든요. 기다리던 꽃이 피면 반가운 나머지 친구를 불러 베란다 앞에서 차를 마셨어요. 티 테이블 위엔 어느새 예쁜 꽃이 핀 화분이 올라와 있죠. 햇살 가득한 행복한 시간이었어요. 언니도 엄마도 모두 꽃을 많이 키웠어요. 저는 남향 베란다, 엄마는 동향 베란다, 언니는 단독주택에 꽃을 키웠는데, 환경이 모두 다르니 장소에 따라 잘 되는 꽃들도 다 달랐어요. 모이면 서로 본인의 꽃소식을 전하느라 시간 가는 줄 몰랐죠. 서로의 집에 꽃구경하러 다니느라 만나는 시간도 너무 즐거웠답니다.

나의 베란다 식물

어머니의 베란다 정원

이 일이 아니라 다른 일을 했다면 어땠을까요?

📖 만약에 이 일이 아니라 다른 일을 했다면 어땠을까요?

📖 그랬다면 경제적으로는 더 나았을 수도 있을 것 같아요. 제가 음식 만드는 걸 즐기는 편이라서 음식점을 운영했어도 괜찮았을 거란 얘기를 종종 들었거든요. 그리고 집 가꾸는 걸 좋아해서 모델하우스 꾸미는 일을 해보고 싶었던 적도 있었고요. 손으로 꼼지락거리는 걸 좋아하다 보니 건축물 미니어처도 만들어보고 싶었죠. 만약 가드너가 되지 않았다면 이 일들 중에 하나 정도는 했을 것 같네요. 하지만 어쩔 수 없이 생계를 위해서 제가 원하지 않는 일을 하게 됐다면, 지금 제가 갖고 있는 성취감이나 행복은 절대 못 느꼈을 것 같아요. 오래 하지도 못했을 테고요. 가드너를 선택하길 참 잘했다고 생각해요.

📖 좋아하는 일을 하면 힘들어도 덜 망가지죠.

📖 그게 좋아하는 일의 힘인 것 같아요. 어려움을 견뎌낼 수 있는 힘이요. 설사 다른 사람들에게 불편한 소리를 듣거나, 마음이 꺾일 만큼 힘든 일이 있어도 스스로를 지키고 견뎌낼 수 있어요.

디딤돌을 이용한 테이블과 의자

서혜란 가드너의 정원은 어떻게 변할까요?

편 대표님의 정원은 앞으로 어떻게 변할까요? 아까 구조물도 하고 싶다고 하셨는데, 예술적인 걸 더 추구하고 싶으신가요?

서 제가 가장 고민하는 부분은 정원의 유지관리예요. 우선 유지관리에 편한 식물을 많이 심으려고 하는데, 그러다 보면 자칫 평범하고 재미없는 정원이 될 수도 있어요. 그래서 생각한 것이 색다른 구조물이에요. 정원의 특색을 살릴 수 있는 구조물을 각각 디자인해서 제작해 놓는 거죠. 구조물로 인해 식물도 더 돋보이고, 정원의 콘셉트도 명확해지거든요. 그런 구조물을 디자인해서 설치하고 싶어요. 그렇게 되면 식재 식물의 양도 줄어들어 관리 분량도 수월해질 수 있고요. 색상, 질김, 형태, 용도를 고려한 구조물이죠. 관리는 수월해지고 정원의 특색은 더 드러날 수 있도록 디자인해 보고 싶어요.

이 직업을 통해 인생이 어떻게 변할까요?

📒 가드너로서 대표님의 인생은 앞으로 어떻게 변할까요?

📙 저는 지금 이 상태가 너무 좋아요. 그래서 특별히 변하고 싶다고 생각하진 않아요. 더 나이가 들어서도 계속 이렇게 일하면서 살 수 있다면 너무 좋을 것 같아요. 오늘이 마지막이어도 후회는 없어요. 좋아하는 일을 하고 있으니까요.

📒 오늘 당장 마지막 날이어도 후회가 없다니 멋지네요. 책을 보고 사람들이 이렇게 살고 싶어서 조급해지겠어요.

📙 그럴 수 있다면 얼마나 좋을까요? 시간을 갖고 자신을 세세히 돌아본다면 분명히 답은 나올 거예요. 청소년 여러분, 꿈을 실현하기 위해서 현재 본인이 할 수 있는 일을 구체적으로 현실성 있게 찾아보세요. 서두르지 말고 차근차근 나를 위한 실천을 쌓아간다면, 반드시 후회 없는 날들을 살아내게 될 거예요. 자신을 믿으셔야 합니다.

첫 번째 정원의 초여름 '판교 아펠바움'

내 마음의 가든
가꾸기

식물마다 좋아하는 온도가 다른가요?

편 식물마다 좋아하는 온도가 다른가요?

서 식물마다 다른데요, 하우스 안의 실내 관엽식물 대부분은 17~18도 이하로 떨어지면 많이 힘들어해요. 관엽식물은 대부분 더운 지방에서 건너온 식물들이거든요. 식물이 본래 있던 곳과 가장 비슷한 환경을 만들어주는 것이 그 식물에게는 최적의 상태인 거죠. 대부분의 야자나무 종류들은 한여름 습하고 30도가 넘는 사우나 같은 날씨를 좋아해요. 여름엔 덥고 습해서 이 안에 책이나 종이를 두면 우글우글해질 정도거든요. 대신 나무들은 신이 나죠. 1년 중 가장 많이 성장하는 시기예요. 나무는 잎으로 수분 발산을 많이 해서일까요, 모여 있으면 훨씬 더 잘 자라는 것 같아요. 그러니 실내 공기 정화를 원한다면 적어도 화분 몇 개는 있어야겠죠.

그리고 화분 관수 관리 못지않게 중요한 게 공중 습도 관리예요. 화분 근처에 공중 습도 상승을 위한 가습기나 일사량 보충을 위한 식물등과 설치등은 식물이 자라기에 미비한 환경조건을 보완해 주는 훌륭한 소품들이에요. 요즘엔 다양한 형태가 많아 선택의 즐거움도 한몫하죠. 가끔 눈, 코, 입이 건조하고 안 좋았던 친구들이 하우스 작업실을 방문하면 굉장히 부드러워지고 편해졌다는 말을 많이 해요. 작업실 내부 다량의 공중 습도와 식물이 내뿜어준 산소량이 크게 한몫을 한 것 같아요.

공기정화식물이 유행인데, 어떤 게 좋을까요?

요즘 공기정화식물이 유행인데요, 어떤 게 좋은가요?

일단 식물로 인한 공기 정화를 원한다면, 식물 화분 한두 개로는 역부족일 것 같아요. 가장 키우기 쉬우면서 공기 정화도 잘 되는 식물은 주로 잎의 크기가 크거나 잎이 두꺼운 식물들이에요. 그래야 수분과 산소 공급이 비교적 많이 될 테니까요. 특히 고무나무 종류가 좋아요. 떡갈잎고무나무, 인도고무나무, 흑고무나무, 벵갈고무나무, 고무나무 종류 중에 잎이 두껍지는 않지만 잎이 많이 달리는 벤자민고무나무, 그리고 NASA에서 발표하기도 한 야자나무 종류죠. 아레카야자, 겐챠야자, 공작야자, 비루야자 등 종류가 다양해요. 그 외 여인초, 콩고, 셀렘, 몬스테라 등은 공기 정화에 우수할 뿐만 아니라 식물 집사 초보 입문에도 적합한 식물들이에요. 물 주기만 게을리하지 않는다면 쉽사리 친해질 수 있어요.

수경식물도 집집마다 많아요.

📖 코로나 유행으로 사람들이 실내에 머무는 시간이 많아서인지, 실내 수경식물도 유행인데 대표님도 키워보셨나요?

📖 네. 수경식물은 식물을 물에 넣어서 뿌리를 내려 키우는 것을 말하죠. 수초나 수생식물같이 처음부터 물에서 자라나는 식물을 키우는 걸 수경재배라고 하진 않아요. 요즘 흔히 볼 수 있는 거의 대부분의 식물들은 물 안에서 뿌리를 내릴 수 있다고 보는데요, 하물며 물과 상극으로 알고 있는 산세베리아, 선인장도 수경으로 잘 살아내서 깜짝 놀랐어요. 베고니아라는 식물은 수경으로 키우면서 꽃도 봤고요. 그런데 물의 양을 뿌리 이상으로 담가놓으면 실내 온도에 따라 부패될 수도 있으니 잘 관리해야 해요. 실내 습도 조절에도 영향을 미치니 건조한 실내 곳곳에 키워볼만하답니다.

📖 저도 몬스테라를 수경으로 키우고 있는데 이끼가 끼더라고요. 이끼가 나쁜 건가요?

📖 이끼는 해롭지 않다고 들었어요. 아무것도 없는 맨땅에 이끼가 생기면 그곳을 터전으로 식물들이 살아날 수 있는 이로운 식

물이죠. 수경식물 화병에 생기는 이끼도 해롭진 않지만 혹시 이끼가 생기는 것이 싫다면 햇빛이 덜 드는 곳으로 위치를 한번 바꿔보면 어떨까요. 요즘은 자연스럽게 이끼 낀 화분을 일부러 찾아 제 작업실까지 오시는 분들도 있는데요, 이곳은 습도와 햇빛이 잘 어우러져 화분과 바닥에 이끼가 자연스럽게 생기거든요. 오래된 시간의 흔적도 찾아볼 수 있어 저도 무척 좋아해요.

왜 자기만의 정원을 만들어보라고 권유하시나요?

편 정원을 크게 생각하지 말고 나만의 작은 정원을 만들라고 하셨는데, 왜 사람들에게 자기만의 정원을 만들어보라고 권유하시나요?

서 대부분 정원이라고 하면 규모가 크고, 형식을 갖춰야 된다고 생각하는 것 같아요. 그런 정원은 현실적으로 누구나 가질 수 있는 건 아니에요. 우리의 주거 형태도 주택보다 아파트에 사는 사람들이 더 많아졌잖아요. 그래서 저는 작은 화분 하나라도 새 잎이 돋아나고 꽃봉오리가 올라오는 걸 보면서 마음이 즐겁고 행복해질 수 있다면 그것이 곧 나의 정원이 될 수 있다고 생각해요. 식탁 위나 베란다 창가 한편에 작은 화분 하나라도 들여놓고 매일매일 살펴보는 즐거움은 실로 대단하거든요. 어제는 좀 시들했는데 오늘 물을 흠뻑 주니 보란 듯이 살아난 그들을 보면서 작은 위로와 희망을 얻을 수 있다면 큰 정원이 부럽지 않을걸요. 매일매일 마음을 다스릴 수 있는 내 마음의 작은 텃밭, 이제 마련하시길 권해드립니다.

편 그런데 화분마다 물을 주는 주기가 달라서 어려운 것 같아요.

서 처음 화분을 살 때 일주일에 몇 번씩 주라고 해서 그렇게 하는데도 시들해지는 경우가 많죠. 사실 물은 식물의 상태를 보고 줘야 돼요. 기본적으로 물을 좋아하는 식물인지 아닌지는 알아야 하지만, 물을 줬는데 많은 것 같으면 줄이고, 부족한 것 같으면 늘리는 거예요. 물을 주고 나면 식물이 신호를 보내거든요. 그렇게 소통하면서 맞춰가는 게 식물을 키우는 요령이에요. 그래서 반려 식물 아니겠어요?

편 그래서 잘 보이는데 두면 좋더라고요. 한 번이라도 더 보니까요.

서 맞아요. 자주 볼수록 잘 키울 수 있어요. 오래 식물을 키운 분들은 아실 텐데, 계절마다 햇빛이 가는 길이 달라져요. 제가 한창 베란다에서 식물을 키울 때는 햇빛이 많고 적은 데를 찾아 따라다니면서 계절이 바뀌면 화분 위치도 바꿔줬어요. 그러면 정말 잘 자라거든요. 식물은 자신에게 정성을 쏟는지 아닌지 기가 막히게 알아차려요.

Job
Propose 55

식물 치료가 뭔가요?

🔲 정원을 가꾸면서 우울증이 좋아졌다거나 하는 사례가 있나요?

🔲 기분이 가라앉거나 우울하다면 당장 양재동 꽃시장에 가보세요. 화려한 색상의 꽃들이 산더미처럼 쌓여있는 걸 발견할 거예요. 그걸 보는 순간 우울했던 생각들은 모두 사라지고 꽃들 사이로 마냥 끌려 들어가죠. 그리곤 어느새 무슨 꽃을 살까 고민하고 있는 자신을 발견하게 될걸요. 치료는 이미 끝났어요! 가드닝 수업 시간에 오시는 분들도 수업이 끝나고 본인의 작품을 하나씩 들고 나가실 때 표정을 살피면, 문을 열고 들어왔을 때의 얼굴과는 판이하게 달라 보이는 경우가 많아요. 꽃이나 식물을 기르는 과정, 생장, 결실의 과정을 통해 약 처방이나 의료적인 시술 없이 질병을 치료하고, 결여되어 있는 자신감과 성취감을 회복시켜주는 것이 바로 식물 치료예요. 요즘은 복지원예사라는 전문 직종이 생겨서 마음의 병이 있는 환자들의 치료에도 많은 도움을 주고 있어요. 특히 하루 종일 말 상대가 없는 독거노인들 같은 경우는 식물을 기르면서 새로운 관심사가 생겨 생활에 활기를 찾았다는 이야기도 들었어요. 식물의 변화는 사람의 마음을 충분히 움직일 수 있거든요.

가든이 사람들에게 어떤 위로가 되나요?

편 가든이 사람들에게 어떤 위로가 된다고 생각하세요?

서 예전에 친구한테 라벤더 허브가 죽어간다는 연락을 받은 적이 있었어요. 아마 햇빛이 부족해서 힘없이 웃자라기 시작했던 것 같아요. 그래서 흙 표면부터 한 10cm만 남기고 싹 잘라내고, 가끔 물을 주면서 기다리라고 했는데, 한 달 후에 다시 싹이 나왔나 봐요. 얼마 후 다시 전화가 걸려왔어요. 그렇지 않아도 마음이 안 좋았는데, 라벤더까지 시들어가니까 더 속상했대요. 거기에다가 다 잘라낸 모습을 보고 있으니 마음이 가라앉았다고요. 그런데 한 달이 지나서 새싹이 올라오는 걸 보니까 다 잘리고도 강하게 다시 살아날 수 있다는 게 너무 반가웠고, 그 덕분에 기분도 많이 좋아졌대요. 아마 바닥까지 내려갔던 그 친구의 마음이 허브가 다시 살아나는 걸 보면서 새로운 에너지를 받았나 봐요. 라벤더에게서 큰 희망의 메시지를 전달받은 거죠. 전화를 타고 흘러나오는 목소리가 달라져 있었어요. 식물들이 겨울엔 다 시들고 죽은 것 같아 보이지만 봄이 되면 얼었던 땅 사이로 새순이 달려 나와요. 그런 생명의 탄생을 가까이서 보고 느끼는 일은 사람들에게 큰 위로와 용기를 주는 것

공기청정기 매장 내 실내 정원

같아요. 특히 어린아이들의 완두콩 화분 관찰은 아이들에게 생명에 대한 첫 경험의 기억을 심어주기도 하죠.

편 어릴수록 생명에 민감하니까요.

서 청소년 여러분들도 식물의 생태 과정을 많이 접하게 되면, 감각이 발달하고 마음이 안정되는 걸 느낄 수 있을 거예요.

실내 선인장 정원

편 춘천 이디야 정원 같은 대형 정원에서는 사람들이 뭘 느낄 수 있나요?

서 정원의 규모에 상관없이 정원에 오는 모든 방문자들이 편안함을 느꼈으면 좋겠다는 마음으로 만들어요. 아무것도 구애받지 않는 편안한 쉼을 느꼈으면 좋겠어요. 그래서 춘천 이디야에는 누워서 하늘을 볼 수 있는 의자도 몇 개 놔뒀어요. 누워서 파란 하늘을 배경으로 나뭇가지가 바람에 흔들리는 모습을 보면 어느새 마음은 한없이 편안해지죠. 정원 관리를 갈 때마다 아이들이 마음껏 뛰어놀고, 가족들의 웃음소리가 끊이지 않는 걸 보니 어느 정도는 성공한 거 같아요. 일상에서 잠시 벗어나 몸과 마음을 완전히 다 내려놓을 수 있는 시간, 제가 만든 정원에서 그런 값진 시간을 보낼 수 있길 바랍니다.

진로 직업 선택을 두려워하는 청소년에게

편 자신의 진로 직업을 고민만 하고, 선택하는 걸 두려워하는 사람들이 많아요. 조언을 부탁드려요.

서 저는 앞에서 말씀드린 것처럼 50대에 처음 일을 시작했어요. 청소년 여러분은 앞으로 더 많은 시간을 살아가야 할 텐데 무엇이라도 용기 내어 도전하면 좋겠어요. 두려움은 자신감의 부족으로 시작되고, 자신감이 없는 이유는 스스로 뭘 해야 할지 몰라서 그런 것 같아요. 자신이 선택한 뭔가를 할 수 있다고 생각하는 순간 이미 두려움은 사라지죠.

제 유튜브를 보고 이런저런 질문을 보내는 분들이 있었어요. 어떤 분은 본인의 망설임도 노력하면 정말 바뀔 수 있겠느냐고, 생각을 바꾸고 노력하면 그런 에너지가 생기냐고 물어보더라고요. 일단은 시도해 봐야 알 수 있지 않느냐고 대답해 드렸죠. 자신을 위해서 어느 정도의 바람직한 투자, 곧 도전이 아닐까요. 제가 괜히 바람을 넣어서 이 사람들을 힘들게 하는 건 아닌지 겁이 나기도 했지만, 바로 실천은 못하더라도 이런 생각을 해보는 것만으로도 도움이 될 수 있을 것 같았어요. 결국 선택하고 도전해야 할 사람은 자신이에요. 성공도 실패도 모두 내 몫이고요. 다만 성공의 목표를 어디에 둘 건가가 가장 중요하겠죠.

편 사람들은 자신이 힘과 에너지가 있어서 일을 한다고 생각하는데, 대표님은 반대로 좋아하는 일을 통해서 에너지를 만들어낼 수 있다고 하셨어요.

서 에너지와 열정이 내재만 되어 있었지 드러낼 기회가 없었으니까요. 시간이 지나면서 조금씩 보이기 시작하더라고요. 지식은 노력하면 얻어지는 것이지만, 지혜는 시간이 우리에게 주는 선물이라고 생각해요.

자신의 감성이 메말랐다고 느끼는 청소년에게

편 감각이 필요한 일이라고 하셨는데요. 감각이나 감성이 풍부하면 유리할까요?

서 어떤 일이든 감성이나 감각이 풍부하면 유리하죠. 그런데 자신이 어떤 감성이나 감각이 있는지는 노력해서 찾아봐야 되는 것 같아요. 제가 하우스에서 스케치 선생님을 모시고 1년 동안 드로잉, 스케치 수업을 한 적이 있었어요. 오시는 분들 모두 한 번도 그려본 적이 없다고 자신 없어 하셨는데, 막상 해보면 생각보다 잘하는 경우가 많아요. 다들 간절하게 그리고 싶은 마음에 오신 거잖아요. 그래서인지 흡수 능력도 빠르고, 숙제도 그 이상을 해오는 거예요. 그래서 감각이나 감성은 자꾸 훈련을 해보고 시도해 봐야 되는 것 같아요. 미술에 대해서 전혀 모르는 사람도 미술 작품을 계속 접하고 붓이라도 한 번 더 움직여보는 거죠. 노력 없이 가만히 있으면, 있는지 없는지도 모르거든요. 그리고 노력해 나가면 어느 정도까지는 얻게 되는 것 같고요. 그래서 저도 아직 많이 부족하지만 수채화라는 것을 잠시 접해봤답니다. '하고자 하는 마음'은 기대 이상의 결과를 가져올 수도 있다는 걸 깨달았던 시간이었어요. 물론 노력해도 안 되는 한계는 분명히 있어요. 본인의 타고난 뛰어난 감각에 도전과 용기를 합하면 더욱더 훌륭한 작품을 만들 수 있겠죠.

🔲 타고난 감각이나 재능은 어떻게 알 수 있을까요?

🔲 우리는 그런 걸 알 기회가 별로 없죠. 주입식 교육을 받고 국영수 위주의 학원을 다니면서 자신이 뭘 좋아하는지, 뭘 잘하는지 알아볼 기회가 없는 것 같아요. 내가 관심을 갖고 좋아하는 일부터 시작하는 게 제일 빠르다고 생각해요. 내가 좋아하는 일 속에서 자신의 재능을 발견하는 경우가 정말 많거든요.

자기 인생이 슬프다고 생각하는 청소년에게

편. 주변에 보면 자기 자신이 굉장히 슬픈 인생을 살고 있다고 생각하는 친구들이 있어요.

서. 본인의 의지가 아닌, 정해진 틀 안에서 나의 시간이 기계처럼 무심히 돌아가고, 그런 시간이 길어지다 보면 슬픈 생각이 들게 되죠. 도대체 나란 사람은 어디에 있는 건지 주체성이 박탈당한 느낌일 거예요. 조금이라도 오로지 나만을 위한 시간을 내어보길 권해드려요. 대부분이 본인은 가만히 있으면서 행복해지길 바라기 때문에 더 슬퍼지는 것 아닐까요. 본인이 슬프다는 생각을 할 시간이 있으면, 뭔가 할 수 있는 것들을 찾기 위한 고민을 해보라고 말씀드리고 싶어요. 전시회나 여행을 간다거나, 뭔가를 배워본다거나 하면서 끊임없이 새로운 무언가와 접촉하다 보면 우연한 기회에 자신이 좋아하는 걸 찾을 수도 있잖아요. 가만히 있으면 절대로 찾을 수 없지 않을까요.

　　그리고 이 책을 읽는 청소년 여러분은 자기 자신을 열렬이 사랑하는 방법을 찾아가면 좋겠어요. 슬프지 않으려면 스스로 움직여서 뭔가를 찾아보고 도전해 봐야죠. 자신을 위해서 뭔가를 찾으

러 다니는 자체만으로도 슬프지 않게 될걸요. 움직이는 순간, 슬픔에서 벗어나기 시작해요. 사고가 전환되니까요. 가만히 있어도 알아서 기쁨이 오고 행복이 찾아와줄 수도 있겠지만, 내가 노력해서 찾아낸 행복은 엄청난 차이가 있지요

자신감이 없는 청소년에게

편 제가 최근에 인터뷰한 어떤 분이 "자신감 없는 자신과 싸우고 있어요."라는 말씀을 하셨어요. 자신감이 없는 청소년에게 하고 싶은 말씀이 있다면 해주세요.

서 저도 자신감 없는 자신과 많이 싸워왔어요. 큰 프로젝트가 있으면 무리하는 건 아닐까 하는 걱정이 들기도 하거든요. 하지만 이 일을 해내야 다음 일을 할 수 있으니까 용기를 내보는 거죠. 자신 없고 못하겠다는 마음보다 어떻게 하면 잘 해낼 수 있을까를 고민해요. 해보고 싶다는 마음이 더 큰 거죠. 이 마음이 용기를 부추겨주는 거고요. 제가 자신감이 없어봤기 때문에 더 잘 알아요. 뭔가 하겠다는 마음이 없으면 계속 나는 아무것도 못하는 사람, 슬픈 사람이 되어 있을 수밖에 없어요. 실수를 해서 일을 그르쳤을지라도 자책하거나 포기하는 대신, 어떻게 해결하고 극복할지에 대해 끊임없이 고민하죠. 긍정적인 사고는 엄청난 잠재력을 끌어내주거든요.

편 말씀하신 걸 들으니까 작게라도 성공의 경험이 축적되는 게 중요하고, 그러기 위해서 뭐라도 해야 되겠어요.

서 맞아요. 실패하더라도 낙담하지 말고, 생각을 조금 바꿔보는 거죠. 실수를 경험 삼아 더 나아지면 되잖아요. 실수를 겁내면 아무 일도 못하겠죠.

원하지 않는 일을 하는 사람들에게

편 그럼 자기가 원하지 않는 일을 하는 건 어떻게 생각하세요? 원하지 않는 일을 하면서 고민하고 있는 사람이 많아요.

서 원하지 않는 일은 길게 할 수도 열심히 할 수도 없죠. 할수록 마음이 망가지니까 에너지가 없어지잖아요. 그래서 원하지 않는 일은 하지 말아야 된다고 생각해요. 그리고 결국은 안 하게 되더라고요. 어차피 안 할 거라면 빨리 그만두고 새 일을 찾는 게 훨씬 나은 것 같아요. 원하지 않는 일을 하는 사람들은 정말 슬프고 우울할 거예요. 아까운 시간을 그렇게 보내지 않았으면 좋겠어요. 조금이라도 빨리 단호하게 잘라내고 새로 시작해야죠. 경제적이고 현실적인 위협을 느끼고 있다면 오히려 더 집중할 수 있다고 생각해요. 물론 확실하게 책임질 수 있는 기반을 마련해둔 다음 일이겠죠.

이 책을
마치며

편 오랜 시간 동안 함께 했습니다. 장시간의 인터뷰를 하신 소감이 어떠세요?

서 그동안 마음속으로 나에게 해왔던 많은 이야기들을 다시 한번 확인하고 재정비하는 시간이었어요. 이제부터 또 새로운 시작이라 생각하고 다시 초심으로 돌아가야겠죠. 저에게도 아주 유익한 시간이었어요.

편 대표님의 가든에 두 번째 방문하는데, 첫 방문 때 정말 충격을 받았어요. 여행을 많이 다니는 편인데도 그런 녹지를 정말 오랜만에 갔더라고요. 정원에 앉아 있으면서 제가 자연의 일부라는 깨달음, 편안함, 확신을 느꼈습니다.

서 그러셨다니 듣는 저도 덩달아 행복해지네요. 이곳을 방문하는 모든 분들도 다 같은 생각이길 바라는 마음이에요. 더욱 열심히 가꾸어 이곳을 사랑해 주시는 많은 분들께 더 멋진 공간이 될 수 있도록 노력하겠습니다.

편 식물도 인간도 자연의 일부잖아요. 그래서 서로 통하는 것 같습니다.

서 식물은 저의 가장 친한 친구지요. 슬퍼도 기뻐도 늘 함께하는 그런 친구요. 그들이 이렇게 곁에 있으니 저는 늘 행복할 수밖에요.

편 대표님과 대화를 하면서 제 자신을 되돌아보았습니다. 너무 인생을 소극적으로 살아온 건 아닐까, 계산적으로만 바라본 건 아니었을까 반성하게 되었어요. 하고 싶은 일에 도전하면서 배우고 실패하면서 부딪쳐야 하는데, 왜 이렇게 도전 앞에 망설이고 두려워만 하는지 모르겠습니다.

서 이 책을 읽는 여러분, 용기 내보아요. 마음먹고 일어나 보세요. 밝은 미래가 기다리고 있어요. 마음먹기 나름이에요. 내가 하고자 하는 일의 의미를 확실하게 정하고 흔들림 없이 나아가세요.

편 인간과 식물이 서로에게 건네는 위로, 그 다리 역할을 하는 멋진 직업, 가드너에 대해 많은 걸 배웠습니다. 저도 저희 집의 가드너가 되어 집에 놓인 몇 개의 화분을 잘 키워야겠어요. 그리고 춘천 이디야에 꼭 가봐야겠네요. 그 정원에 숨겨진 이야기들, 직업인 가드너의 솜씨와 노고가 떠오를 것 같습니다.

서 네. 감사합니다. 그렇게 들어주셨다니 이 시간을 잘 보낸 것 같아요. 식물과 사람들의 다리 역할을 좀 더 충실하게 이어보도록 하겠습니다. 어느 정원에도 그 정원을 만든 가드너의 노고가 녹아있다는 걸 잊지 말아 주세요.

편 청소년들의 진로 직업 탐색을 위한 잡프러포즈 시리즈 『가드너』편을 마칩니다. 책상 위에, 또는 집 안에 작은 화분을 키우는 가드너가 되어 보고, 우리 마음 한 쪽에 푸른 꿈과 식물이 자랄 수 있는 가드너가 되어보고 싶습니다. 사계절의 태양과 달, 구름과 바람, 흙과 물을 이용해 살아 숨 쉬는 정원, 그 정원을 만드는 직업 가드너, 인간과 자연의 무한한 조화를 목격하는 기분이었습니다. 정말 행복한 인터뷰였습니다. 우리에게 가드너의 모든 것을 보여주신 서혜란 가드너님 감사합니다. 서혜란 가드너님의 인스타그램 그리고 멋진 정원에서 찾아뵙겠습니다. 이 세상의 모든 직업이 여러분을 향해 어떠한 차별도 없이 문을 활짝 여는 그날까지 잡프러포즈 시리즈는 쉬지 않고 달려갑니다. 다음 시리즈에서 만나요!

나도
가드너

1 세 그룹으로 나누어 나무, 숙근식물, 알뿌리식물 조사 탐구하기

A 그룹

나무의 종류 및 특성, 생태, 구조, 역할에 관한 조사 탐구

B 그룹

여러해살이식물(다년생식물), 숙근식물(숙근초)의 계절별 분류 조사 탐구

C 그룹

알뿌리 식물군의 계절별 종류와 관리 요령 조사 탐구

2 식물원 답사하기

답사 중 가장 기억에 남는 식물 열 가지를 촬영하고 그 식물
에 관한 정보 작성하기
(정보: 이름, 종류, 특성, 심기에 적당한 환경 등)

 **각자 살고 있는 주변(아파트 단지 내, 공원) 답사 후 아름다운 정원 모습 세 곳을 촬영하기**

촬영 장소로 선정하게 된 이유 적어보기

그곳에 심어진 나무 이름과 나무의 관리 방법을 찾아 조사해
오기

청소년들의 진로와 직업 탐색을 위한
잡프러포즈 시리즈 55

정원의 감동을 디자인하는 가드너

2023년 1월 2일 | 초판1쇄

지은이 | 서혜란
펴낸이 | 유윤선
펴낸곳 | 토크쇼

편집인 | 김수진
교정 교열 | 박지영
표지디자인 | 이희우
본문디자인 | 김연희
마케팅 | 김민영

출판등록 2016년 7월 21일 제2019-000113호
주소 | 서울시 서초구 나루터로 69, 107호
전화 | 070-4200-0327
팩스 | 070-7966-9327
전자우편 | myys327@gmail.com
블로그 | http://blog.naver.com/talkshowpub
ISBN | 979-11-91299-97-7 (43190)
정가 | 15,000원